L'imprevedibilità di una traiettoria

Il tempo e quel che accade. Gli incontri e i destini che mutano per sempre. Ho atteso anche io in una piazza battuta dal vento qualcuno che non vedevo da anni. E negli attimi in cui vagavo con lo sguardo, cercando di indovinare da quale strada sarebbe sbucato quel volto che ricordavo attraversato da una malinconia indefinibile, riemergevano i desideri, gli slanci, le aperture improvvise. I viaggi intrapresi insieme. Le notti ampie come maree. L'ebbrezza di scoprire in un'altra persona quel che non credevo si potesse trovare. Quando ci eravamo incontrati per la prima volta? Quando aveva avuto inizio ogni cosa?

Accade a ciascuno di noi, prima o poi, di imbattersi nell'istante vertiginoso in cui una persona irrompe nella nostra quotidianità e ne muta l'assetto. C'è sempre qualcuno a cui ci avviciniamo, che ci tocca, ci illumina, ci piega e ci risolve. Che definisce e segna il nostro destino. Che dà forma a quel che siamo. Può essere una persona che incontriamo per caso o che è cresciuta al nostro fianco, nella cerchia ristretta della famiglia. Una persona vagheggiata a lungo, qualcuno che ci ha regalato un sorriso e poi è svanito. Oppure che è rimasto vicino a noi in modi che non credevamo possibili.

Il tempo. Quel che accade. Gli incontri. I nostri destini. In quella piazza battuta dal vento mi ero presentato con ampio anticipo. Volevo essere io a vederla per primo. Ci tenevo a riconoscerla mentre si faceva avanti attraverso la gente. Non volevo perdere l'istante esatto in cui sarebbe riapparsa dal tempo che era trascorso. Non ero l'unico ad aspettare. In una piazza c'è sempre qualcuno in attesa di chi sta per arrivare. C'è sempre qualcuno che ha deciso di compiere l'azzardo di sporgersi verso l'altro, di uscire dalla sicurezza del proprio io e concedersi un'altra imprevista opportunità.

Mentre continuavo a scrutare febbrilmente ogni volto che mi passava davanti, fui attratto dalla figura di una donna ormai in là con gli anni che si teneva allacciata con il braccio sinistro a un uomo dai capelli brizzolati, forse il figlio. Percorrevano lentamente l'ampia pavimentazione della piazza. Lui le rivolgeva qualche parola, poi la guardava in cerca di una conferma. Ma lei sembrava che non riuscisse a sentire la voce del figlio. Forse per il vento. Forse a causa dell'affievolirsi dell'udito. Con la mano destra si toccava continuamente una ciocca di finissimi capelli grigi che spuntava dal suo cappello rosso. Per una qualche ragione, non riuscivo a distogliere lo sguardo dai loro movimenti. Cercavo nei loro gesti un indizio? Un'indicazione che mi potesse essere utile? Un appiglio che mi chiarisse le ragioni per cui anche io mi trovavo lí?

Il figlio e la madre. Nonostante il processo di trasformazione degli organismi ordisse ad allontanarli, i due rimanevano vicinissimi. A un certo punto, li ho visti prendersi per mano e continuare a camminare. Il figlio, all'approssimarsi del gradino di un marciapiede, ha stretto la mano della donna come per avvertirla del piccolo ostacolo. Doveva essere un gesto condiviso da molti anni. Lei, nel ricevere quella stretta, aveva sorriso. Le sue labbra che si piegavano, il consenso di una madre-bambina. Dopo tutto quel tempo, la complicità tra loro due era ancora viva, fitta di gesti, di compassione. All'improvviso li ho persi di vista, distratto da una ragazza magrissima, con un impermeabile bianco,

Super ET Opera viva

6.08.2019

Alla mia cara Pada,
sempre nei miei pensieri.
Questo libro mi ha tanto
fatto pensare a Te...
Nella vita di ognuno, talvolta,
entrano ed escono delle
persone magiche che, come
scintille, fanno esplodere
qualcosa dentro di noi.
Il nostro incontro è stato
un po' questo: una scintilla
magica.
Ti porterò e ti porto nel mio
cuore.

Con affetto
La tua Sara (DADA)

Federico Pace
Scintille

Storie e incontri che decidono i nostri destini

Einaudi

ISBN 978-88-06-24086-8

che si guardava intorno vicino a una vetrina. Anche
lei aveva deciso di concedersi un'altra inaspettata opportunità?

Una madre e un figlio. Il tempo che trascorre. Il gesto incommensurabile di chi ha messo al mondo una
nuova vita e il poco che l'altro può restituire indietro.
Una giovane donna. Il sortilegio di una coppia, il legame di un fratello e una sorella complici che si tengono
stretti. La natura vertiginosa e incerta di quelle relazioni che ci aprono al mondo e all'altro. Il filo dell'amore, i rapporti incompiuti e i confronti. Il ritorno eterno
delle parole dette, del segno lasciato. Quel che accade
a due persone che prima si amano e poi sperimentano
una profonda amicizia. I legami che intessiamo. Mute-
voli e irrequieti. Inafferrabili, sfuggenti, eppure capaci
di incantarci e tenerci avvinti. Anche la ragazza, come
facevo io, scrutava freneticamente ora da una parte ora
dall'altra della piazza. Era il primo incontro con chi ancora non era arrivato?

La scintilla che scocca quando una vita si avvicina
all'altra. Quando due schiene si toccano e due destini
si uniscono in un abbraccio solo. Il tempo continuava a
trascorrere e la piazza che a lungo era stata affollata di
volti, di traiettorie, di pensieri, cominciava a svuotarsi,
trasformandosi in uno spazio piú silenzioso e attento. Il
tempo si faceva piú acuto, preciso, minuzioso. Sarebbe
arrivata questa volta? E cosa avrei provato? Rimaneva-
mo, ai lati opposti di quello slargo, noi due. La ragazza
con l'impermeabile bianco e io.

Improvvisamente la giovane ha sorriso ed è corsa incontro a una ragazza della sua età. Dal punto in cui mi
trovavo, riuscivo appena a intravederle. Sorridevano.
Una ha tirato fuori un oggetto dalla borsa. Un piccolo regalo. Rapidamente l'altra l'ha scartato con stupore e l'ha abbracciata. Una, due, tre volte. Il significato

di quel dono pareva travalicare l'oggetto e rimandare a un sentimento piú essenziale e necessario. Due amiche. Due sorelle. Chissà. Ciascuno di noi è quel che è anche, e soprattutto, in ragione delle persone che ha incontrato. Il filo cucito nella quotidianità, i desideri evocati, i gesti scambiati, il riflesso dei propri sogni. I cambiamenti resi possibili, il supporto, il tradimento e le paure. Siamo sempre composti della stoffa delle relazioni che abbiamo intessuto. Ognuno di noi diventa la persona che è grazie a chi ha incontrato, a chi ha solo sfiorato o cercato nonostante tutto. Grazie ai gesti che hanno segnato quelle storie.

Anche quando i giorni scivolano via, anche quando le ore corrono veloci, sentiamo sempre una voce che ci invita a cercare una persona che inneschi la curiosità, il desiderio, l'immaginazione. La passione e la nostalgia. Una persona capace di farci recuperare qualcosa di profondo, inaccessibile, infinito e imperscrutabile che definisce la nostra umanità.

Infine la sera è scesa sulla piazza e io ero ancora lí ad aspettare, dopo aver visto la madre e il figlio, le due amiche, o sorelle, le coppie. I desideri, la passione, il timore e l'apprensione. È allora che ho sentito una mano tra i capelli. Non ero stato io a vederla arrivare. Neppure quella volta. La percezione, l'intuizione dell'epifania. Un momento particolare, una relazione che si accende, o si riannoda, facendoci salire di nuovo sul gradino piú alto delle emozioni. Innescare, rimettere in moto. Il tempo. Quel che accade. Gli incontri. I nostri destini. L'imprevedibilità di una traiettoria. Quello strano e insopprimibile stimolo che ci spinge a cercare, ancora una volta, in un'altra persona, il nutrimento di cui abbiamo disperato bisogno.

Scintille

Nei mesi oscuri la mia vita scintillava
solo quando ti amavo.

THOMAS TRANSTRÖMER

Camminavamo senza cercarci pur sapendo che camminavamo per incontrarci.

JULIO CORTÁZAR

Perdona se vissi in pena,
e se poco ho gioito del sole.
Perdona, perdona quei troppi
scambiati per te.

ANNA ACHMÀTOVA

La foresta in fiamme

C'è sempre un giorno in cui ci ritroviamo lí dove la fiamma, pure se non vista, comincia ad attecchire. Dove appare un luccichio minuscolo, qualcosa che neppure si nota, una minuta particella incandescente che comincia a bruciare. Il primo volo di un uccello, un lucore, un barlume, un consumarsi d'aria. Un dettaglio che si accende, anche se il volto è ancora girato dall'altro lato. C'è sempre un momento, nel tempo della nostra vita, in cui capitiamo nel punto esatto dove una piccola fiamma comincia a far crepitare un magro ramoscello ritorto. E non sembra avere importanza neppure per noi che siamo lí, perché in quel momento non sappiamo ancora se quella scintilla finirà per divorare l'intera foresta.

Neppure Auguste sapeva di quella fiamma, di quel magro ramoscello ritorto, quando arrivò al numero 117 di Rue Notre-Dame-des-Champs. Entrò nel portone e attraversò il grande atrio. Andava per la prima volta in un atelier di tre giovani scultrici. Quando varcò l'ingresso, trovò un divano, le stanze disposte in verticale una sopra l'altra e le sculture incomplete, che prendevano forma e lasciavano appena intuire ciò che sarebbero diventate. Simili a quelle opere gli dovettero apparire le ragazze, poco piú che diciottenni: Camille Claudel, Amy Singer ed Emily Fawcett. E stranamente insolita, e inattesa, dovette sembrargli in particolare Camille.

C'è sempre una persona, quando entriamo per la prima volta nella casa di chi non conosciamo, che ci colpisce in ragione di un dettaglio che non comprendiamo subito, di cui ignoriamo persino l'esistenza. E siamo sempre impreparati quando quella persona vorrà rivelarci qualcosa a cui tiene. Camille mostrò ad Auguste ciò a cui stava lavorando, il busto di una donna anziana, con un entusiasmo tutt'altro che ingenuo. Aveva un non so che di consapevole, sotterraneo e guerresco. Di fragile e forte. Auguste Rodin non era ancora il gigante che sarebbe divenuto, ma sosteneva già che la scultura fosse un'attività dalle potenzialità infinite, un atto energico e brutale di creazione. Vivo e sorprendente. Era il 1882.

Poi Auguste tornò altre volte. Il viso di lei, quel che aveva detto, la sua energia compressa, irrequieta e tesa si impressero in un punto dell'immaginario di lui, ramificandosi in direzioni inattese. E cosí avveniva nella mente di lei. Quel che accade nel giro della vita quotidiana getta dei semi nel terreno di ciascuno di noi e da quei semi, con il tempo, qualcosa comincia a risalire attraverso la terra che non sapevamo fosse fertile. Qualcosa di nuovo che nasce, qualcosa che comincia a prendere fuoco. Saliva le scale, Auguste, e si fermava a guardare come lavoravano le ragazze. Si sedeva con loro e forse, piú di tutto, gli piaceva osservare Camille che durante una pausa, in abiti da lavoro, fumava una sigaretta con le amiche. Allora parlava con lei di cose futili, del clima di quell'anno, sorridevano e discutevano dei desideri che ognuno si ritrova dentro, di quella strana foga che spinge a creare, a tirar fuori una forma da ciò che ancora una forma non ha. Parlavano dei gesti, delle mani che toccano la creta. Dell'idea che diviene materia e permane senza deperire. Della materia che diviene vita. Chi dei due cercava di sedurre l'altro? Era lei con l'irrequieta bellezza, l'insofferenza, quasi la sua distante freddezza? O era lui, che attraverso le parole voleva innescare sul magro ramoscello ritorto la scintilla che l'avrebbe fatto crepitare, non sapendo che poi, se avesse distratto lo sguardo, l'intera foresta sarebbe stata divorata dalle fiamme?

Quando entriamo per la prima volta in una casa che non conosciamo, siamo sempre impreparati di fronte a qualcuno che ci lascia dire, si insinua nei nostri pensieri, e cercandoci con lo sguardo chiede alle nostre parole di prolungarsi ancora. Siamo sempre impreparati quando una persona che non conosciamo ci attira a sé, incuriosita da ciò che diciamo, e aspetta da noi un altro gesto, un altro sguardo. Allora Auguste disse come un'opera scolpita dovesse cogliere sempre un dettaglio vivente. Disse di come quelle forme che prendevano vita dovessero restituire le imperfezioni piú minute del corpo. Al punto che se si decideva di posarvi sopra la mano, si doveva avere la sensazione di toccare qualcosa di caldo, come se il sangue vi scorresse dentro. L'avvallamento che unisce il ventre alle cosce, le curve dell'anca, le reni. Il vigore della loro fremente morbidezza. Il corpo che trema e si agita. Rabbrividisce. Il tocco che infonde il calore.

Auguste poi usciva e si avviava verso il suo studio, e per strada continuava a sentirsi vertiginosamente attratto dalle espressioni di lei, dal tono con cui gli aveva risposto, dal fermaglio con cui aveva sistemato i capelli, dalla mano che aveva alzato per salutarlo, dalle intuizioni, dalla creatività che la animava. Era pronto a cogliere fino in fondo quello che lei gli avrebbe offerto? Era in grado di comprendere quel che l'altra desiderava davvero? Riusciva a capire fin dove lei sarebbe stata capace di innalzarsi? Mentre rientrava, era ubriaco di quell'aria, di quel respiro di Parigi.

Nello stesso anno Auguste mostrò una scultura in terracotta in cui due amanti si stringevano in un abbraccio. Prima di terminarla, per arrivare a quella forma che aveva scelto come definitiva, aveva lavorato con attenzione a un numero infinito di disegni preparatori alla ricerca della posa giusta. All'inizio, nei primi bozzetti che aveva tracciato, era l'uomo che teneva stretta a sé la donna con il braccio. Poi, dopo numerose sedute con i modelli, aveva trovato il gesto che lo convinceva. Aveva preferito che fosse lei ad attirare con il braccio destro il corpo di lui verso di sé, che fosse lei a tenere il ginocchio destro sopra la gamba sinistra di lui; aveva preferito che fosse lei a tenerlo avvinto, a cercare di imbrigliare l'enorme animale feroce. Era cosí che si sentiva con Camille? Era Camille che lo teneva avvinto? Era lei che sapeva tenere quel braccio intorno al suo corpo?

I due volti, in quella scultura, provavano a incontrarsi, si cercavano, come si cercano i volti degli amanti quando si tendono a raggiungere quella che promette di essere l'eterna fonte nascosta nella bocca dell'altro; arrivavano fino a un certo punto, si piegavano, ma poi si fermavano, e rimanevano separati, senza poter, o senza volere, congiungersi. Anche la mano di lui, di Auguste, anche la sua mano cercava il contatto con il corpo caldo di lei, ma proprio come nella statua, per una qualche ragione, si fermava poco prima di raggiungerlo. Si avvicinava, ma non lo toccava.

Camille andò a lavorare come assistente al Deposito dei Marmi, al numero 182 di Rue de l'Université, il grande studio che Auguste era riuscito a ottenere dopo anni di sacrifici, di fame e di lotte quotidiane. Camille e Auguste. In quegli anni si moltiplicarono, di entrambi, le sculture in cui un uomo e una donna si avvicinano, cercando di valicare il confine che li separa. Si moltiplicarono le figure di coloro che hanno l'audacia di rompere la dura corteccia in cui l'io di ciascuno rimane imprigionato. Si moltiplicarono le statue che rappresentano l'ambizione folle di uscire da sé e aprirsi all'altro. La fiamma cominciava a risalire veloce lungo le ramificazioni della foresta. Lei era il corpo, lei era il pensiero. Le idee, la forza, l'indipendenza. La brama di possedere. Di avere, e avere ancora. Il piacere innescato dal tocco della mano. La brama di fiutare, annusare e stringere. Ogni cosa si sovrapponeva. Non solo l'intreccio delle gambe o la presa delle mani. A un fremito se ne aggiungeva uno nuovo. E la parola pronunciata, la voce, il sussurro soffiato nel cavo dell'orecchio, le promesse lasciate intuire, l'idea di quel che sarebbe arrivato nei giorni futuri. Ogni cellula che compone l'orografia segreta della propria personalità, in quegli istanti avverte che qualcosa sta per accadere. Qualcosa di insolito, di superbo e terribile. Si rimane a guardare allibiti l'infinità di uccelli che all'imbrunire si dispiegano in volo tutti insieme verso la notte.

L'amore, gli amanti. Le fiamme che risalgono verso le ramificazioni della foresta e cominciano a divampare. A bruciare sempre di piú. Auguste aveva già una compagna, dalla presenza muta e silenziosa. Si chiamava Rose Beuret. Era la sua compagna ufficiale, eppure lui quasi se ne vergognava. Ma sembrava che a lei non volesse rinunciare. Camille, Auguste e Rose. I fili verdi che risalgono dalla terra, il fuoco che infiamma il magro ramoscello ritorto. La furia e la gelosia. La ragione e l'emozione. La presenza di un altro, di un'altra, nel fondo del pensiero, nella quotidianità. L'io che è pronto a uscire dalla sua corteccia, che si è sospinto verso il vuoto assoluto, e finisce per scoprire il tradimento, l'infedeltà. L'incertezza. La promessa mancata. Fino a che punto siamo in grado di perdonare chi dimentica l'amore che ha provato per noi? Fino a che punto siamo capaci di accettare il comportamento di chi non riesce a mantenere la promessa?

Camille cominciò ad appassionarsi a una storia indiana molto antica, in cui si racconta il destino di chi si affida a una promessa, di chi inesorabilmente finisce per credere a un patto tacito. È la storia di Sakuntala. Un giorno, il re Dushyanta incontrò Sakuntala nel bosco. La bellezza, l'intesa, il desiderio. L'uomo l'aveva amata, ma quando le disse che doveva andare, che doveva tornare nel suo castello, per il desiderio insistente che sentiva ardere ancora dentro di sé, e per la necessità di legarsi a lei dopo averne intuito la disperazione e l'incertezza, le promise che sarebbe tornato. Ma sapeva che quella promessa non sarebbe bastata. Mai può bastare una promessa, finché essa potrà essere tradita. Ci vuole sempre qualcosa che rassicuri e sveli ciò che proviamo davvero, almeno in quell'istante, dentro il cuore. Allora Dushyanta, per mostrarle la forza del suo sentimento, almeno in quell'istante, le lasciò in dono un anello come pegno del suo ritorno. Come prova che sarebbe tornato e l'avrebbe portata con sé nel suo regno. Il tempo passò. La donna lo attese nel folto del bosco, dove si erano amati e dove lei aveva sempre vissuto. Ma il re non mantenne la promessa. Allora Sakuntala, forse per rabbia, per disperazione, per incredulità, per desiderio, decise che sarebbe stata lei a recarsi al castello per esigere ciò che Dushyanta le aveva promesso. Sarebbe stata lei a cingere il braccio intorno al suo corpo. Ad accavallare la gamba sopra quella di lui. Sarebbe stata lei a stringerlo a sé.

Anche Auguste dimenticò di tornare da Camille. Di tornare nella foresta dove il magro ramoscello ritorto aveva preso fuoco. Di tornare là dove si erano incontrati e aveva sentito accendersi la miccia della curiosità. Anche Auguste non ritornò dove si erano amati. Allora Camille decise che doveva mettersi in cammino. Però, a differenza di Sakuntala, non si recò al castello per esigere ciò che le era stato promesso, ma se ne andò lontano.

Non sempre abbiamo il coraggio di pretendere quel che ci spetta; non sempre riteniamo che l'altra persona sia in grado di rispettare la promessa. Cosí, nella primavera del 1886, Camille decise di allontanarsi da Auguste. Andò a Shanklin, un piccolo villaggio sull'Isola di Wight, non molto distante dalle coste inglesi di Portsmouth. Andò a trovare un'amica. Era una tregua, che cercava. La tranquillità, il riposo dalla sfida del corpo a corpo con l'enorme animale feroce. Nelle rarissime foto di quei giorni, si vede Camille seduta con l'amica. La trasparenza profonda degli occhi, le braccia quasi conserte. La camicia e il cappellino di paglia. Sembra sciogliersi, in quelle evanescenze fantasmatiche restituite dalle foto, nella luce sbiadita della primavera inglese. A giugno spedí una brevissima lettera ad Auguste, a giudicare dalla quale sembrava fosse arrivato per lei il tempo di lasciare da parte la dimensione dell'illusione, dell'incanto, dell'ebbrezza. Lo chiamava, in quella lettera, Signor Rodin. E come uno schiaffo, come a voltare le spalle a tutto il resto, gli chiedeva soltanto un aiuto a concludere la presentazione di una sua opera. Era il tentativo di ridurre l'universo dentro un cassetto. Niente di piú. Sarebbe bastato a farla soffrire meno? Sarebbe stato sufficiente a prendere le distanze da quel che aveva provato? Ancora l'estate. Ancora i giorni. Camille non voleva tornare a Parigi. Andò nel Somerset, a Frome, dove la ospitò Amy Singer, una delle artiste con cui aveva condiviso l'atelier nei primi anni di Parigi. Cercava di rifugiarsi nei gesti gentili, nelle cure delle amiche. Come se l'enorme animale feroce fosse eludibile.

Auguste, da Parigi, la seguiva come poteva. Bloccato dalla propria incongruenza, da quel legame costante e definitivo con Rose Beuret, provava a sporgersi dal recinto della propria ritrosia, a uscire dal giardino inaridito della propria incapacità. Cominciò a scrivere a un'amica di Camille con la speranza di poter raggiungere, in maniera indiretta, la giovane e geniale scultrice. Non aveva piú nemmeno la forza di scriverle quel che le aveva scritto poco prima che lei partisse: «Mia feroce amica». Era disperato: «A quale dolore ero predestinato. Ho momenti di amnesia in cui soffro di meno, ma oggi l'implacabile dolore persiste». Dimenticava e ricordava. Ma non era in grado di compiere un gesto risolutivo. Non sempre sappiamo incamminarci nel luogo in cui abbiamo fatto una promessa. Spesso ci rifugiamo, fragili e inconcludenti, nella possibilità che sia l'altra persona a liberarci dalla responsabilità che non sappiamo assumerci. Auguste invocava qualcosa che l'altra non poteva concedergli: «Abbi pietà, crudele. Non ne posso piú, non posso piú passare un giorno senza vederti». Gridava la propria follia, ma non sapeva muovere un passo.

Anche quando la distanza sembra aver dato i suoi

frutti e l'enorme animale feroce sembra ormai domato, basta un dettaglio, un pensiero improvviso, qualcosa che neppure avevamo previsto, e tutto precipita di nuovo. Allora la rete di amicizie, il piccolo muro che avevamo edificato con i mattoni della distanza e della razionalità, cedono sotto i colpi del desiderio, della brama, del dubbio, della paura della propria mortalità. Cosí, dopo che nell'agosto del 1886 Rodin aveva sperato invano di poter raggiungere Camille a Calais, lei gli scrisse qualche riga in cui apriva alla possibilità di un ritorno: «Voi pensate che non sono molto allegra qui e avete ragione; mi sento cosí lontana da voi. E cosí estranea! C'è sempre qualcosa d'assente che mi tormenta». Ci sentiamo sempre cosí estranei, persino a noi stessi, quando a mancarci è la persona che ci ha promesso qualcosa di inatteso, che è riuscita, forse senza saperlo, ad accendere la fiamma. Anche se non sappiamo ancora se saprà ricordarsi di noi e di quel che ha provato. Allora Camille si mise in viaggio verso Parigi. Verso Auguste. Verso il castello dove sarebbe tornata a esigere ciò che le era stato promesso.

A un certo punto Camille sembrò quasi ripercorrere la storia di Sakuntala, cercandola, replicandola, emulandola. Quel racconto le era rimasto conficcato dentro senza sapere con precisione le ragioni per cui l'avesse colpita cosí tanto. Forse in quella storia intravedeva una traccia, un'indicazione, un suggerimento, anche se vi leggeva pure un segnale d'allarme, un presentimento. Mentre Sakuntala proseguiva il suo viaggio verso il castello insieme all'anello che l'amante le aveva lasciato in pegno, incontrò un mago che le fece un incantesimo: Dushyanta, l'uomo a cui pensava incessantemente, non l'avrebbe riconosciuta se lei non fosse riuscita a portare con sé, fino al castello, l'anello che aveva ricevuto in dono. La storia vuole che Sakuntala finisse per perdere in un fiume proprio quell'anello e quando arrivò al castello, quando i due amanti furono di nuovo vicini, ritrovandosi uno di fronte all'altra, il re non la riconobbe. Quando lei entrò per la prima volta nella stanza di quell'uomo che in fondo non conosceva, non ricevette alcun segno. Dushyanta non provò la curiosità febbrile per le parole di lei, non seppe ritrovare alcun amore dentro di sé, niente che l'aiutasse a ricordare il volto di Sakuntala. Non sapeva neppure che in quel modo stava tradendo una promessa.

Quando Camille arrivò a Parigi, quando incontrò di nuovo Auguste, nell'ottobre del 1886 gli chiese di siglare un patto, di firmare una carta per avere la prova che anche lui si impegnava a imbrigliare l'animale indomabile. La promessa non può mai bastare, finché essa può essere tradita. C'è sempre bisogno di un pegno. Il 12 di quel mese, Auguste si impegnò a tenere Camille come unica allieva. Si impegnò inoltre a partire con lei per l'Italia per restarvi almeno sei mesi «in una convivenza indissolubile». Come nella statua del bacio, dove infine le bocche si avvicinano e si toccano, dove i due volti si fondono senza piú essere distinti, e la mano di lui si posa sulla coscia di lei. Cosí Camille chiese di diventare la moglie di Auguste. Chiese di essere l'unica donna. Da parte sua, Camille si impegnava a rimanere a Parigi fino a maggio. E a ricevere Auguste nel suo atelier quattro volte al mese. Il patto, il pegno, la necessità di ricordarsi dell'amore che abbiamo provato. Per Camille quell'accordo, quelle parole scritte, dovettero avere l'aspetto di una rinascita. L'8 novembre di quell'anno scrisse a un'amica, informandola che stava lavorando a due grandi figure, piú grandi di quanto fossero in natura. Si trattava proprio di Sakuntala e del re Dushyanta. Alla sua amica, Camille raccontò la storia. Per la realizzazione di quella statua riceveva nell'atelier due modelli al giorno. La donna arrivava al mattino, mentre l'uomo si presentava di sera. Separati in quell'andirivieni tra le scale e le sale, i due modelli si sarebbero finalmente incontrati, per un tempo inestimabile, nella sua opera. Camille lavorava incessantemente spinta da un dettaglio di quella storia, da un elemento che aveva colpito la sua sensibilità.

Quando il re non riconobbe Sakuntala, lei tornò nel bosco dove partorí il figlio che era nato dalla loro unione. Solo dopo molto tempo un pescatore trovò l'anello del re e si recò al palazzo reale per restituirlo a Dushyanta, il quale finalmente si ricordò dell'amore che aveva provato per Sakuntala. Cosí fu lui a recarsi nel bosco per chiedere un'altra opportunità. Si inginocchiò davanti a Sakuntala, sospingendo la sua bocca verso quella di lei, che intanto si piegava a cercarlo. E in quella posa Camille stava scolpendo i due amanti, nell'atto di quella riconciliazione. Scolpiva quella seconda opportunità concessa, l'idea che fosse possibile il riavvicinamento, che fosse possibile ricordare l'amore, che fosse possibile mantenere la promessa.

Trascorse cosí il marzo del 1887, dopodiché il patto che Camille aveva chiesto ad Auguste di mantenere non venne rispettato. Auguste non fu in grado di concedere il matrimonio a Camille. Tutto quello che riuscí a garantirle fu l'apertura, a partire dal gennaio del 1888, di un atelier in comune con lei al Folie Neubourg, in Rue du

Chant de l'Alouette. Camille ultimò *Sakuntala* nel 1888 e la portò al Salon. L'opera ebbe un grande successo. Auguste lavorò a un'altra statua, *L'éternelle idole*. Anche in questa un uomo, piegandosi quasi in ginocchio, poggia il volto tra il seno e il ventre di una donna. Contrizione, rispetto, compassione e amore. La statua, la vita, il segno del vivente. Quelle statue che sembrano rimandare l'una all'altra, lui che si inchina, lei che ne accetta il pentimento.

Ma non bastò. Le sculture sembrarono l'incarnazione plastica di un desiderio che non trovò realizzazione. Nelle vite di Camille e Auguste ci furono altri avvicinamenti e allontanamenti. Momentanei e poi definitivi. Ciascuno di loro venne travolto e mutato da quella relazione. In una scultura che Auguste mise a punto in seguito, riapparve, forse per la prima volta cosí chiaramente, il volto giovane di Camille. I capelli corti. Il viso pieno di vita. L'irrequietezza. Non poteva che chiamarsi *L'adieu*.

Conseguenze di un incontro

Un'altra persona. C'è sempre un'altra persona ancora da cui farci impressionare, sfiorare e mutare. Qualcuno con cui condividere un interstizio di esistenza inattesa. Un'altra persona ancora da toccare, guardare o ascoltare. Solo per un attimo o poco piú. Un'altra persona di cui abbiamo bisogno per intuire e comprendere quello che non siamo riusciti ad afferrare. Un'altra persona da avvicinare, qualcuno in cui trovare ciò che ci sfugge. Per recuperare una fiducia perduta. Un'altra persona da cui farsi cambiare, illuminare e sviare.

Erano già passati sessanta giorni da quando Dorothea si era messa in viaggio a bordo di una Ford, una di quelle station wagon con le portiere laterali rivestite in legno. Era il marzo del 1936. Quel tardo pomeriggio stava rientrando a Berkeley, o almeno era quello che desiderava intensamente: tornare a casa dalla persona che amava. Era una donna matura. Con fatica e pazienza si era conquistata molte cose, giorno dopo giorno, mese dopo mese, anno dopo anno. Sempre con una macchina fotografica in mano. Aveva iniziato con uno studio di ritratti. I benestanti, la gente comune. Poi, come una febbre, aveva cominciato a scattare per strada e non aveva avuto piú voglia di rientrare in studio. Stava per compiere quarantuno anni. Qualche mese prima si era trasferita al numero 2706 di Virginia Street. Per lei era stato come iniziare un'altra volta, un'altra vita. È cosí inebriante poter cominciare di nuovo. La casa a due piani. Il legno rosso, la baia di San Francisco. Non aveva fatto in tempo a entrare in quella casa, che ne era uscita per quel lavoro. Ora, nel tardo pomeriggio che avanzava, vagheggiava quella dimora, quel ritorno, dopo tutti i giorni di viaggio e di lavoro alle spalle.

Era partita con il compito di scattare fotografie sul campo, per testimoniare i flussi migratori di quegli anni. La California era la meta di tutti i diseredati, di coloro che avevano subito uno scacco dalla vita e cercavano di ritrovare la dignità di un lavoro. Le migrazioni di chi aveva perduto tutto, gli agricoltori travolti dalle tempeste. Dorothea voleva cogliere i volti delle persone che arrivavano a migliaia, a centinaia di migliaia, e si ritrovavano in condizioni di vita ben al di sotto della miseria.

Quella volta, la possibilità di lavorare sul campo era stata prima accordata dal governo, poi sospesa, poi di nuovo accordata. L'area che Dorothea doveva coprire comprendeva la California, il New Mexico e l'Arizona. Il clima che aveva incontrato era stato dei peggiori. Era piovuto incessantemente da giorni, e ogni tanto si scatenava un temporale. Viaggiava con gli occhi fissi sulla strada e appena incontrava un accampamento di migranti rallentava la guida e si fermava. Scendeva dalla macchina e per qualche minuto rimaneva in silenzio, lasciando che gli altri si abituassero alla sua presenza. Poi cominciava a fare qualche domanda. Ma per lo piú fotografava, senza quasi chiedere nulla. Si trattava di catturare il momento giusto per cogliere quel che cercava, di raccontare ciò che stava succedendo nel modo migliore, di immortalare con precisione, in un solo istante, in un solo scatto, i volti di chi non aveva piú nulla, pur avendone ancora il diritto; lo sguardo di chi non voleva rinunciare alla propria dignità.

Ogni tempo, in forme che non ci aspettiamo e che non siamo in grado di prevedere, porta l'uomo a fuggire dalle proprie terre, dalle proprie case, per migrare in cerca di un posto dove possa tornare a essere orgoglioso di sé. L'indigenza e il bisogno di cibo sono le prime cause a spingerci altrove, a privare ciascuno del riconoscimento della propria identità. L'impossibilità di essere rispettati. L'impossibilità di venire considerati esseri umani.

Dorothea aveva imparato a conoscere quelle famiglie intere che lasciavano le fattorie in cambio di un lavoro in California, migliaia di chilometri alle spalle per raccogliere lattuga, piselli o quel che capitava. Tutti pronti a paghe da fame. E con la gente del posto che li accoglieva con i fucili. Dorothea scattava, ma non sapeva fino a che punto sarebbe riuscita a raccontare la tragedia che si consumava sotto ai suoi occhi. A mettere a fuoco le condizioni dell'uomo. Sapeva solo che piú veniva toccata da quel che vedeva, piú sentiva il rischio di commettere errori tecnici, e piú si convinceva che l'immagine sarebbe stata capace di raccontare, di svelare. Che la fotografia avrebbe spinto ad agire. Perché non si trattava solo della persona ritratta. In gioco c'era qualcosa di piú. Qualcosa che non riguardava esclusivamente quelle persone, ma anche lei stessa. In gioco c'era qualcosa che riguardava tutti.

Anche quell'anno i raccolti stavano andando in malora. Anche quell'anno un esercito di famiglie non avrebbe trovato un lavoro. Dorothea aveva attraversato la California, incontrando i disperati che arrivavano dall'Oklahoma o dal Dakota. Aveva visto negli occhi il destino, l'indigenza. Gli uomini costretti a cercare altrove cibo e dignità. Bastava cosí poco per diventare Indesiderabili? Ogni giorno scattava un numero infinito di foto. Le immagini sarebbero finite nei dossier che politici, attivisti locali e professori universitari avrebbero inviato a Washington per convincere il governo a varare provvedimenti utili a combattere la povertà, ad aiutare la gente che soffriva. In una di quelle foto, un uomo di spalle sedeva sopra la sua ascia mentre guardava un'intera foresta che gli si allargava davanti. Quanto doveva sembrargli immane il compito a cui era chiamato? Cosa vedeva davvero quell'uomo davanti a sé?

Tutti quei volti. I rettilinei, il calare di tono della luce, le curve ampie. La Ford che non dava problemi. Dorothea aveva impacchettato tutto. Le pellicole erano al sicuro nelle custodie, come la macchina fotografica. La strada. La pioggia. Il maltempo che non smetteva di tormentare la zona. Aveva gli occhi cosí incollati alla strada, che quasi non batteva ciglio. Macinava chilometri e non desiderava altro che tornarsene a casa. Eppure c'è sempre una persona, un'altra persona ancora da incontrare.

Tornava a casa sul finire del giorno anche il giovane uomo che Fëdor Dostoevskij aveva inviato in una spedizione, in qualche modo simile a quella di Dorothea, nelle notti bianche di San Pietroburgo, per scoprire cosa accade quando si incontra un'altra persona ancora. Una persona che ci toccherà, sfiorerà e muterà. Prima l'aveva costretto a camminare a lungo, al punto da fargli quasi dimenticare dove si trovasse. Poi, ormai prossimo alle porte della città, aveva lasciato che, come Dorothea, sentisse il bisogno di rientrare a casa. E fu proprio sulla strada del ritorno, al termine di quel viaggio solitario, che il giovane uomo fece un incontro. Lungo il canale dove di solito non si vedeva anima viva, s'imbatté in una ragazza che nel silenzio e nella luce lunare di San Pietroburgo gli apparve di una bellezza celestiale; di una fragilità e di una forza mai viste. La giovane sembrava in pericolo. Ma non c'era solo quello. Lui riusciva a intravedere in quel volto molto di piú. Cosí le si avvicinò, come faceva Dorothea quando doveva scattare una foto. Con il timore e l'ebbrezza. I due si sfiorarono appena. Trascorsero qualche istante insieme. Non contò neppure quello che lei disse di sé. Lui venne impressionato come una pellicola sensibile. Si trovarono presto sul punto di doversi lasciare, lui le chiese se poteva vederla di nuovo. E dopo che la ragazza acconsentí, per tutto il tempo che impiegò a tornare a casa il giovane uomo non fece altro che pensare a lei.

Anche Dorothea, sulla strada del ritorno, ardeva dalla voglia di tornare a casa. Ma da quando aveva incrociato quel cartello, non pensava ad altro che a invertire il senso di marcia. Nonostante i volti che aveva visto fino ad allora, nonostante tutte le storie che aveva già provato a raccontare, c'era ancora un volto, c'era ancora una persona che doveva incontrare. Anche solo per un istante. Anche solo per scattarle una foto e lasciarla scomparire per sempre.

Allora Dorothea fece inversione sotto la pioggia e si diresse di nuovo a sud, verso la contea San Luis Obispo. Una volta raggiunto quel cartello, svoltò lungo la direzione indicata, lasciando dileguare tutta quella foga che la stava spingendo a tornare verso casa. Si inoltrò nella fanghiglia della terra smossa, fece ancora qualche centinaio di metri, poi, non appena intravide delle persone in un campo, parcheggiò la Ford e con calma scese dall'auto, si mise a rovistare nel bagagliaio, e tirò fuori la macchina fotografica.

Fu allora che intravide una tenda e, poco distante, un'auto senza ruote. Sotto la tenda c'erano una donna e alcuni bambini. La donna era bellissima. Dorothea non si accorse nemmeno dei lineamenti Cherokee: il taglio degli occhi, il colore della pelle, il mistero del suo volto rimandavano a quelle origini lontanissime. Davanti a lei non c'era solo una donna che fuggiva in cerca di un lavoro, di un raccolto, di una paga minima; davanti a lei non c'era solo una madre. O una donna in pericolo. C'era molto di piú.

C'era molto di piú anche in Nasten′ka, la ragazza che il giovane mosso dalla curiosità di Dostoevskij aveva incontrato nelle notti di San Pietroburgo. La sua storia era molto piú complessa di quella che aveva immaginato il giovane. La notte successiva, quando si incontrarono di nuovo, lei gli raccontò che non era in pericolo, ma stava solo aspettando il ritorno dell'uomo che amava. Lo spinse allora a scrivere delle lettere proprio all'uomo che diceva di amare. Lettere che lo facessero tornare. Al giovane non restò che aiutarla. Sospinto da Dostoevskij sul confine di quelle notti per incontrare una persona nuova, si convinse che l'altro uomo non avrebbe mai risposto. Anzi, sembrò quasi persuadersi che la ragazza si sarebbe dimenticata presto di quell'attesa. Quel che immaginiamo di una persona continua spesso a persistere nei nostri pensieri, mentre invece tendiamo a dimenticare, a rimuovere, quel che ci dimostra il suo racconto, nell'incontro che accade in un incredibile interstizio di tempo.

Anche Dorothea sembrò dimenticare, rimuovere, il bisogno di approfondire la storia di quella donna Cherokee. Le scattò sei foto, prima di non vederla mai piú. Una di queste entrò nella selezione di immagini che serví a convincere gli uomini di Washington a stanziare fondi per gli Indesiderabili. Quella foto venne riprodotta un numero infinito di volte sui giornali, nelle mostre; ebbe mille versioni, citazioni, rimandi. Le venne dato anche un nome: *The Migrant Mother*. Divenne il ritratto di donna che segnò la carriera e la vita di Dorothea. *The Migrant Mother*, la donna che ancora oggi non smette di interrogarci, di chiederci, di sfidarci. Di parlarci di un'infinità di questioni. La povertà, la miseria, l'orgoglio, la forza, la resistenza, la maternità, la tenacia, la vita intera.

Un incontro di qualche istante, un legame che si stabilisce senza che la durata incida sulla tenacia con cui verranno tenute unite, in maniera imprevedibile, due donne. Difficile sapere cosa pensasse Dorothea tutte le volte che i giornalisti le chiedevano di lei, di quella donna che non aveva conosciuto e con cui forse aveva scambiato appena un paio di parole. Dorothea aveva immaginato che fosse una donna californiana; era convinta che pur di sfamare i figli avesse venduto le gomme della sua auto. Ma le cose non erano andate cosí. Anche lei, come il giovane che Dostoevskij aveva spinto nelle notti bianche di San Pietroburgo affinché incontrasse un'altra persona ancora, non aveva capito fino in fondo chi aveva avuto davanti.

Il giovane uomo dovette immaginare che Nasten′ka avrebbe finito per innamorarsi di lui. Invece, l'ultima notte, l'uomo che la donna aspettava arrivò, e lei fuggí

da lui. Al giovane non rimase che seguirla con lo sguardo. Per tutto il resto della vita, non l'avrebbe mai piú
rivista. Cosí come Dorothea non avrebbe mai piú rivisto
The Migrant Mother. Eppure, anche quando gli apparve
chiara la verità, il giovane non poté non ammettere che
quel breve incontro gli avesse regalato un intero attimo di beatitudine. E non gli parve una cosa da poco,
che almeno una volta nella vita gli fosse stato concesso
quell'unico, intero attimo di beatitudine.

Dorothea Lange morí l'11 ottobre del 1965. Si era
sposata due volte, ebbe figli e nipoti, successo e fama.
Nel necrologio che il «New York Times» le dedicò un
paio di giorni dopo il decesso, fu pubblicata la foto della
donna Cherokee, l'immagine della *Migrant Mother*. Piú
grande e piú in vista dello stesso volto di Dorothea. A
descriverla, a immortalarla sul giornale piú importante del mondo c'era il volto di un'altra persona, che lei
aveva incontrato solo per qualche istante. Il volto della
donna che aveva colpito Dorothea, quel pomeriggio di
marzo del 1936, ma di cui lei non aveva avuto il tempo
di scoprire il vero nome. D'altronde, quante volte capita di essere toccati, turbati e mutati da chi incontriamo appena, da chi sfioriamo solo per un attimo, senza
neppure sapere come si chiama? Quante volte ci torna
in mente un sorriso, anche se non abbiamo avuto l'osti-
nazione, il coraggio, l'irrazionalità di varcare la soglia
della sua intimità?
    Cosí come Nasten´ka, anche *The Migrant Mother* era
una persona diversa da quella che Dorothea si era immaginata. Si chiamava Florence Thompson, e quando
scoprí di essere finita sui giornali di tutta l'America,
descritta come *The Migrant Mother*, non la prese bene.

Si sentí defraudata, ingannata e interpretata nel modo sbagliato. Non si ritrovava in quell'immagine, in quella disperazione a cui la didascalia la riduceva. Non aveva venduto le ruote dell'auto per sfamare i suoi figli. Quel giorno, suo marito e il figlio piú grande erano andati nella città piú vicina in cerca di qualcuno che fosse in grado di aggiustare la loro automobile. Presto si sarebbero rimessi in viaggio, nella speranza di un futuro dignitoso. In quella foto, che la cristallizzava per sempre come un simbolo di sofferenza, c'era qualcosa che la tradiva.

Ma il legame che si era stabilito tra Dorothea e Florence, quel che si erano scambiate attraverso quegli scatti, ebbe una forza e una tenacia che andò oltre ogni incomprensione. Quando era già avanti con gli anni, Florence venne colpita da un ictus. Non avendo i mezzi sufficienti per curarsi, aveva bisogno d'aiuto. Allora da ogni angolo degli Stati Uniti la gente si sentí in dovere di offrirle quel che poteva, perché tutti ricordavano quell'immagine della fine degli anni Trenta, la foto che Dorothea aveva scattato quando aveva sentito il bisogno di incontrare un'altra persona ancora. Non contavano piú gli inesorabili fraintendimenti e le imprecisioni. L'immagine continuava a raccontare una storia, piú forte di ogni altra. L'istante sublime, l'incontro di un'altra persona ancora. La fierezza, la disperazione, la forza, la maternità, la vita intera. Da ogni parte cominciarono ad arrivare soldi per salvarle la vita, per renderle migliori i giorni che le restavano da vivere. Il frutto di quell'incontro durato pochi istanti, l'immagine con cui pensava di essere stata tradita, ora, a distanza di molti anni, le restituiva tutto quello che lei aveva donato a Dorothea e a chi ebbe la fortuna di vedere quella foto.

Quel pomeriggio piovoso del marzo 1936, dopo essere tornata indietro per trenta chilometri, dopo aver svoltato verso il campo dove lavoravano i raccoglitori di piselli, Dorothea era scesa dalla macchina. Il primo scatto lo aveva fatto quando era ancora un po' distante. Nel riquadro Dorothea era riuscita a far entrare la tenda intera. In primo piano, poco fuori dalla tenda, c'erano una grande valigia semiaperta e una ragazza, la figlia piú grande, di taglio e con le gambe strette su una sedia a dondolo. Dietro di lei, sotto la tenda, c'era Florence con in braccio la bambina piú piccola, e vicine, alla sua destra, altre due figlie. Dorothea doveva essere avanzata di qualche passo, perché nello scatto successivo la ragazza aveva portato la sedia a dondolo sotto la tenda, mentre le due ragazzine si erano avvicinate alla madre, che ora non guardava piú Dorothea, ma teneva lo sguardo sulla bambina piú piccola, quella che aveva in braccio. Il terzo fu uno scatto ancora piú ravvicinato.

Piú riduciamo la distanza e piú sentiamo il pericolo. Piú ci avviciniamo, e piú le cose diventano vere. Anche in fotografia, ma non solo in fotografia. Piú ci avviciniamo e piú abbiamo paura. Florence allattava la bambina piú piccola. Dorothea non pensava piú al ritorno a casa, non pensava piú alla casa di Berkeley. Era lí, al cospetto di quella donna. I lineamenti meravigliosi, bellissimi. I capelli scuri in parte legati, per tenere libero il collo. La linea perfetta del naso. Poi ancora piú vicina. La casa di Berkeley non esisteva piú. Ora la donna era in piedi e, con il mento poggiato sulla spalla della figlia piú grande, guardava in lontananza, mentre stringeva la bimba che dopo la poppata si era addormentata. Ancora piú vicina. Nel quinto scatto, Florence guardava nell'obiettivo per la prima volta da quando la fotografa si era avvicinata. Erano sempre in tre. Poi l'ultimo passo. L'ultimo scatto. Quello che divenne l'icona di quei tempi difficili. Florence guardava con gli occhi piú aperti, il colore chiaro dell'iride, i bei capelli scuri. La bambina dormiva tra le sue braccia e le altre due figlie, incollate alle sue spalle, nascondevano il volto dietro di lei. La mano di Florence per la prima volta verso la bocca. L'ultimo scatto. L'istante sublime. C'era in quella foto tutto quello che Dorothea aveva cercato a lungo, e forse molto di piú.

Non possiamo mai sapere le conseguenze di quell'attimo in cui rimaniamo incantati, deviati e illuminati. Dorothea sapeva solo che in quell'immagine, in quell'incontro, c'era tutto quel poco che bastava per diventare Indesiderabili; sapeva solo che in quella foto c'era tutto ciò che ci rende umani, l'orgoglio, la disperata fierezza. E tutto quello che sembra esserci, come un presagio, come un annuncio, ogni volta che ci avviciniamo a un'altra persona ancora.

L'ordigno in fondo al mare

Capita d'incontrarla nel tempo in cui ogni cosa inizia a mutare, nel tempo in cui ci avviamo a lasciare l'adolescenza per avventurarci nello spazio ancora imprecisato della vita adulta. Allora l'amicizia porta con sé una luminosità inattesa, innesca un'energia che travolge e agita. Ci spinge a salire rapidi i gradini del nostro io, fino a farci intravedere, per la prima volta, quel che potremmo essere. Come un cibo delizioso assaggiato per la prima volta, l'amicizia in quel periodo della vita ci fa assaporare un gusto che non avevamo mai provato e che, per un sortilegio, non proveremo mai piú. Però il legame cosí speciale di quei giorni, di quel tempo gioioso e creativo, porta dentro di sé anche una specie di presagio, un timore, una minaccia.

Cosí era accaduto anche a Paul e John. Il 30 gennaio del 1969 si erano chiusi in una stanza. A discutere ancora una volta. A confrontarsi su quello che avrebbero fatto di lí a poco. Le ultime ritrosie. Gli ultimi timori. L'ordigno e gli accordi. La tensione e l'amicizia. Erano diventati mondi cosí diversi, che le loro orbite non si toccavano quasi piú. Se uno dei due avesse provato ad allungare le dita del proprio io, non sarebbe riuscito a sfiorare quelle dell'altro. Non piú. Poi uno di loro aveva detto che era arrivato il momento di salire. Alle 12 e 30 di quel giorno di fine gennaio balzarono sui gradini della scala a chiocciola con una certa fretta. Salirono al primo piano, al secondo, scambiandosi appena qualche parola, cose da niente. Uno pressato contro l'altro. Le dita che scivolavano sul corrimano quasi a rincorrersi. Uno scalino alla volta. Il terzo piano, il quarto. Ora e allora. Quante volte avevano condiviso un momento del genere? Quante volte erano stati sul ciglio di quel tempo in cui ogni cosa sta per cambiare per sempre? Non appena avevano terminato quella ascesa a spirale, non appena erano finiti i gradini da salire, prima di uscire si erano fermati per qualche attimo insieme a Ringo e George. Immobili e ammutoliti dietro la porta, in quella specie di bugigattolo che, come una camera di compensazione tra quel che è stato e quel che sarà, li teneva sospesi in una bolla di tempo immobile. Potevano sentire il respiro l'uno dell'altro, ma non intuirne i pensieri. Non piú.

Paul allora aveva impugnato la maniglia ed era sbucato fuori, come avrebbe fatto uno sciatore che raggiunge la vetta piú alta solo per gettarsi incontro alla discesa infinita di neve. Ora e allora. A perdifiato verso quel che sarebbe venuto. Dopo di lui uscirono gli altri. Per ultimo, John. Quell'idea che era spuntata all'improvviso durante l'ennesima discussione: suonare sul tetto. Suonare sul tetto per chiuderla lí. Per terminare l'ultimo album, per girare l'ultimo film. Per lasciarsi scivolare via l'uno dall'altro. Suonare dal vivo come non facevano da quasi due anni. Da quando si erano ritrovati in quello stadio di San Francisco mezzo vuoto. Di nuovo, uno a un passo dall'altro, cosí vicini, naso contro naso, un'ultima volta ancora, davanti al mondo intero.

Paul aveva ventisei anni. John quasi ventotto. Eppure erano già arrivati al punto di rottura, quando un'amicizia smette di essere tale. Erano arrivati lassú, sul tetto del palazzetto in mattoni al numero 3 di Savile Row che avevano acquistato poco prima, come se tutto potesse stare ancora in piedi. In cima a quel tetto dove tirava un vento fortissimo, invece di trovarsi a Mayfair, a pochi passi da Oxford Street, sembrava di stare su una nave in mezzo all'oceano.

John e Paul si erano inventati una forma nuova di esprimere la giovinezza e l'avevano mostrata a tutti. E tutti li avevano inseguiti per vivere, per la prima volta, proprio quel tipo di sensazione. Allora attaccarono a suonare con quel tempo serrato che era il loro marchio di fabbrica, quasi un inseguimento. Una sfida alla forza del vento. *Get Back*. Fu Paul a tirare fuori il fiato, mentre con le linee di basso si muoveva sulle note che rendevano il pezzo piú enigmatico e affascinante. Alle loro spalle, la guglia altissima della chiesa di St James a Piccadilly. Davanti, i tetti della città che minuziosamente rimpiccolivano, come ricordi, a mano a mano che lo sguardo procedeva verso l'orizzonte. Paul e John, come avevano imparato negli anni, suonavano tenendo un tempo che sembrava correre piú del tempo, anzi, sembrava che volessero spingerlo in avanti con tutto il corpo. E anche se restavano fermi uno accanto all'altro, davano l'impressione di avanzare rapidamente, di spingersi ancora piú lontano. Subito dopo attaccarono con un altro pezzo nuovo, *Don't Let Me Down*. La magia di quei due accordi accostati, il mi maggiore e il fa diesis minore. E quelle parole d'amore di John per Yoko. Per tutto il chorus iniziale, tirato, fortissimo, neppure si guardarono. Poi lo stacco, la pausa, come piaceva a John. John cantava con la sua purezza, con la voce scarna, nasale, dylanesca. E quando giunse il momento della seconda

strofa da solista, gli venne fuori un gioco di parole, un
nonsense. Il suo burlarsi di tutto, come aveva sempre
fatto. Dolce e sornione. Improvviso e divertente. Sorrise prima tra sé. Allora Paul e John attaccarono insieme. Poi ciascuno tornò a guardare davanti, a spingere
come un ciclista o uno sciatore che voglia tagliare per
primo il traguardo. Ciascuno per conto suo e col proprio peso sulle spalle, come se il pensiero che presto se
lo sarebbero tolto per sempre di dosso, consentisse loro
di sopportarlo per un'ultima volta ancora.

  L'ammirazione e l'amicizia. La rivalità e quel legame insondabile che li aveva tenuti stretti per tutti quegli anni. Ora e allora. Paul e John. Nessuno era
mai riuscito a capire cosa li unisse. Chi li considerava
due caratteri contrapposti, chi uno il reciproco dell'altro. Eppure cosí vicini, cosí complici, non erano mai
stati con nessun altro. L'ammirazione e l'amicizia. La
rivalità e quel legame che li spingeva a dare il meglio
di sé, come in una competizione. Nei primi giorni, ma
anche dopo. Uno scriveva una canzone, e subito l'altro
ne tirava fuori una sua. Come se potessero arrampicar-
si sulla parete della loro capacità compositiva solo ri-
spondendosi a vicenda. Uno scriveva *Strawberry Fields*
e l'altro rispondeva con *Penny Lane*. Cosí vicini, che
non si trattava solo di musica. Da quando erano ragazzini, da quando si fingevano spavaldi, ma non avevano
ancora nulla da mettere sul tavolo. Solo la stessa furia,
la stessa febbre. Ora e allora.

  Suonavano e non vedevano altro che il cielo davanti
a loro. Non era un concerto. Non era neppure un'inci-
sione. Era qualcos'altro. Ma non sapevano ancora cosa. Però si stavano divertendo. Sull'adesivo che Paul
aveva incollato sul basso violino Hofner c'era scritto

The bassman. Paul indossava un completo scuro. Sotto, una camicia chiara a righe. La barba lunga e folta come non l'aveva mai fatta crescere. Sembrava l'unico a non sentire freddo. Sembrava, infine, piú maturo di quanto non fosse. E a un passo da lui, alla sua sinistra, John, con a tracolla la chitarra con cui suonava da qualche tempo, una Epiphone, che aveva privato di tutti gli orpelli che di solito ha una chitarra appena uscita dal negozio di un rivenditore. Senza la modanatura scura e il battipenna. John aveva tolto tutto. Gli piaceva cosí, scarna, in quel colore di legno nudo. Per lui le cose andavano ricondotte alla loro origine, a quel che c'era di piú semplice ed essenziale. Indossava la pelliccia marrone chiaro che ogni tanto si infilava anche quando faceva caldo. Il maglione a collo alto chiuso con la lampo. Il naso sottile da volatile. Gli occhiali tondi color oro. Il viso inquieto, ma anche burlesco e divertente. Sardonico e dolcissimo. Ora sembrava piú fragile, piú piccolo di Paul. Lui che invece era piú grande, e che a lungo era stato l'elemento carismatico, quello che non si accontentava mai. Ora e allora.

Quando passi giornate intere con un amico e l'altro ti colma una porzione significativa del vuoto che senti dentro, riesci quasi a sopportare quel che è accaduto, riesci a non precipitare troppo a fondo, nonostante le persone care che hai perso cosí presto. Quando passi giornate intere a suonare con lui, a comporre, a discutere se l'accordo è giusto o meno, non ti viene neppure in mente di dirgli che gli vuoi bene. Lasci che il tempo faccia la sua parte. Eppure avresti dovuto dirglielo. Non avresti dovuto aspettare tutto quel tempo. Per evitare di ritrovarti sopra un tetto ventoso, poco prima di cominciare a suonare, e rimpiangere di non averglielo detto.

Paul e John. Erano passati solo dodici anni dalla prima volta che si erano incontrati. Eppure sembrava trascorso un tempo infinito. Quel tempo abissale che porta dall'infanzia all'età adulta. Quel tempo in cui si trasforma ogni cosa, il corpo, i pensieri, l'immagine che gli altri hanno di noi. Ricordavano entrambi i primi giorni, le ore spese a parlare sul retro di un autobus. Da soli. Immaginavano di diventare anche loro quel che erano diventati Little Richard o Eddie Cochran. Ricordavano quando, seduti uno di fronte all'altro, provavano quelle prime escrescenze di canzoni stando talmente vicini, nelle stanze minute della loro infanzia, che i nasi quasi si toccavano. Era stata quella, per loro, l'amicizia. Quello spazio esclusivo che riuscivano ad abitare da soli. Si trovavano prima a casa di John, dove viveva sua madre, cosí potevano fumare e suonare. Poi si spostavano a Forthlin Road, da Paul, in quei pomeriggi feriali disabitati dagli adulti che parevano concedere, piú di qualsiasi altro momento della giornata, il tempo che serviva a mettere insieme qualcosa di nuovo, qualcosa che usciva da loro stessi.

Riuscire a creare qualcosa. C'era sempre la stessa febbre, la stessa voglia. Battere sulla chitarra per individuare l'accordo giusto. Naso contro naso. A cercare la frase giusta. Quella piú ambigua. Seduti di fronte. Come se l'uno potesse specchiarsi nell'altro, come se l'altro fosse l'unico alter ego possibile. Il ritmo. Le cadenze. Le voci. La prima canzone che venne fuori. Lo stupore per quello che anche loro erano in grado di fare. L'impensabile.

Quando finirono di suonare *Don't Let Me Down*, cominciarono a vedere delle ragazze e dei ragazzi salire lungo le scale d'emergenza degli edifici intorno a loro. Quando finirono quel pezzo, dalle finestre dei palazzi di fronte presero ad affacciarsi coloro che erano rimasti in ufficio nonostante la pausa pranzo. Cos'era quella musica? Sembravano i Beatles, ma non conoscevano quelle canzoni e dalla loro posizione non vedevano quasi nulla. Sentivano solo quella specie di stranissima meraviglia. Allora gli impiegati e le commesse della sartoria Hawkes, della Bank of Scotland e di Wain Shiell & Son decisero di salire sui tetti dei loro edifici, e piú si avvicinavano piú non credevano ai propri occhi. I Beatles non si erano separati? Paul e John non erano ai ferri corti?

Paul aveva conosciuto John per la prima volta a quindici anni durante un piccolo festival parrocchiale. Aveva aspettato che John finisse di suonare con la sua band, poi era scivolato dietro al palco e gli aveva fatto ascoltare una canzone di Eddie Cochran. In quella sala della chiesa di St Peter's, nel sobborgo di Woolton in Church Road, Paul si era ricordato tutte le parole e non aveva sbagliato un solo accordo. John era rimasto colpito da quel ragazzino. Dal suo modo di cantare. Da quel modo di aggredire la chitarra, di tenere il tempo. È anche dall'ammirazione che nasce l'amicizia. Cosí anche Paul, nella sala di quella chiesa in pietra arenaria rossa annerita, aveva cercato di sedurre il ragazzo che lo aveva già sedotto. Colui che già ammirava. Il ragazzo piú furbo, sveglio e interessante del panorama musicale underground di Liverpool.

Far salire la tensione. Farla salire alle stelle. Come un ordigno in fondo al mare. Comporre le canzoni, all'inizio, era stato cosí. Bisognava piazzare un ordigno dentro ciascuna di esse. Un ordigno che facesse crescere la tensione fino al parossismo, finché ogni spettatore, ogni spettatrice, desiderasse allo spasimo che esplodesse e lasciasse cadere i suoi frammenti, in un volo infinito, sopra di loro. Non erano stati né i primi, né i soli a cimentarsi in quell'impresa. Ma loro sapevano farlo in un modo cosí sublime e perfetto che non aveva precedenti. Ci erano riusciti con molte canzoni, anche con *I Want to Hold Your Hand*, dove avevano infilato l'ordigno proprio lí, quando cominciavano a ripetere *I can't hide, I can't hide, I can't hide*. La tensione tra la dominante e la tonica. Il sol e il re. Nelle segrete connessioni degli accordi, delle tonalità, l'ordigno era pronto a esplodere.

Qualche giorno prima dei suoi ventun anni, alla fine di settembre del 1961, John aveva ricevuto cento sterline da sua zia Elizabeth. La prima cosa che aveva pensato era di dividerle con Paul. Erano amici. Un'amicizia complessa. Come lo sono quasi tutte le amicizie vere. Perché due amici lasciano che le parole si pronuncino con facilità, che i giorni trascorrano intensi, ma non sanno che quando la vita prenderà forma davanti a loro, spesso non avrà le caratteristiche del piccolo lago tranquillo che si aspettavano, ma di un oceano le cui correnti sotterranee seguono regole che si apprendono solo con il tempo. Non c'è sempre e solo la fiducia. Non c'è sempre e solo la generosità. C'è molto altro. Anche di avverso. Di inconoscibile. Posato sul fondo del mare di un'amicizia c'è sempre un ordigno pronto a esplodere.

Come nelle canzoni che scrivevano, come in quelle evo-luzioni di accordi che le loro fan sentivano nel corpo. E nel caso della loro amicizia che forma aveva l'ordigno? Quella della competizione? Dell'ammirazione incantata che avevano l'uno nei confronti dell'altro? Del deside-rio di superarsi? Erano già stati all'*Indra*, ad Amburgo; avevano già conosciuto quel tipo, Bruno Koschmider, che li aveva fatti dormire nel ripostiglio di un cinema della Grosse Freiheit e li aveva fatti suonare tutte le se-re nel quartiere di St Pauli. Avevano già cantato *Johnny B. Goode* e *What I'd Say*. Si erano già messi i giubbotti di pelle e gli stivali impunturati. Avevano già suonato al *Kaiserkeller*. Al *Top Ten*. Erano già tornati a Liver-pool e tutto era sembrato sul punto di finire. Prima an-cora che riuscissero a diventare come Eddie Cochran o Little Richard. Cento sterline dopo tutto quello che avevano passato. L'incanto e il disincanto. Da Liverpo-ol partirono il 30 settembre del 1961 in autostop. Per arrivare fino a Parigi. Nelle foto che Paul conserva an-cora sembrano spauriti, a un passo dal mollare la pre-sa. Camminavano quasi tutto il giorno. Montmartre. Il *Folies Bergère*. Pagava tutto John.

Pochi giorni prima di quel 30 gennaio del 1969, John si era presentato con qualche pezzo inciso. Nella casset-ta c'era anche la registrazione di una specie di blues len-to, addolorato, che si muoveva come un fiume esausto in mezzo a una foresta. Lo aveva fatto sentire a Paul. Adesso lavoravano cosí, si scambiavano frammenti, co-me se quello fosse l'unico modo di scrivere ancora in-sieme. O come se fosse l'unico modo di relazionarsi, perché le cose prendono il verso che devono prendere e non si può fare altro che assecondarlo. Non è possibile far finta che il tempo non sia passato e che un'amicizia, a un certo punto, possa soltanto inabissarsi e scomparire dalla vista, diventare carsica, per riemergere chissà quando, dopo anni, forse, o forse mai piú. Nessuno può impedire che un'amicizia rimanga per sempre sottoterra. Silenziosa. Infinita. Dolcissima.

In quella cassetta, la voce di John suonava incantatoria ed evocativa. *Ev'rybody had a hard year. Ev'rybody had a good time. Ev'rybody had a wet dream. Ev'rybody saw the sunshine.* «Ognuno ha avuto un anno difficile», diceva John. Paul l'aveva ascoltata. Gli era piaciuta. Trovava sempre qualcosa che gli piaceva, in John. Da lui fuoriusciva un non so che di incantatorio e incredibile. Però era come un puzzle a cui mancavano dei tasselli. Il gioco sublime consisteva nell'aggiungere i pezzi mancanti e comporre la figura intera. La canzone. Paul si era messo a scrivere la prima parte, voleva qualcosa che sprigionasse tutta la rabbia e l'energia che stava covando. La capacità speciale che avevano di usare la musica per dare forza alle parole.

Mentre una ragazza saliva le scale a chiocciola in minigonna e raggiungeva il tetto, Paul attaccò proprio quella canzone, quell'ultima canzone nata dai frammenti dei loro due modi di essere. *I've Got A Feeling.* I frammenti che solo loro due potevano scambiarsi. Ci fu quel grido rauco, forte e aggressivo che Paul sapeva fare cosí bene, e che John gli invidiava da quella volta in cui si era presentato nella sala della chiesa di St Peter's a Woolton. Quella chiesa in pietra arenaria rossa annerita.

Allora un poliziotto bussò alla porta del numero 3 di Savile Row. La strada era ormai bloccata: alcuni automobilisti erano scesi dalle auto, altri erano rimasti a osservare dal finestrino senza vedere nulla, incantati da quella musica. Erano andate in tilt anche Oxford Street e Regent Street. Qualcuno dall'edificio della Bank of Scotland chiamò il centralino della polizia di West End. Intanto sul tetto John e Paul suonavano *One After 909*. Poi *Dig A Pony*. Nel corridoio della Apple Records, Jimmy Clark cercò di trattenere i *bobbies*. Suonarono di nuovo *I've Got A Feeling* e ancora un frammento di *Get Back*. I poliziotti erano ormai saliti sul tetto. Qualcuno cominciò a staccare i cavi, mentre altri li riattaccavano. Come se fosse possibile un altro esito. Ora e allora. Suonarono un'altra volta *Don't Let Me Down*.

Né Paul né John, durante l'esibizione sul tetto della Apple Records, sferzati da quel vento fortissimo, si affacciarono per salutare il pubblico. Neppure per un attimo. Non fecero altro che suonare, che correre un'altra volta insieme. Non fecero altro che provare a divertirsi ancora. «Fino ad allora avevamo creduto intensamente in quel che stavamo facendo, – disse poi John. – All'improvviso, non ci credemmo piú». Fu allora che l'ordigno, sistemato sul fondo dell'oceano, esplose, lasciando che i frammenti della loro amicizia si spargessero su tutta Londra.

Gli elefanti a Reykjavík

Il 4 agosto del 1972 Boris Spassky si avviò a piedi, attraverso i campi, verso il Laugardalshöll di Reykyavík. Indossava la stessa giacca sportiva dei giorni precedenti. Sentiva, come un sollievo, il vento sul viso. A chi lo vedeva camminare da lontano, poteva sembrare un contadino con l'abito del giorno di festa. A Boris non sarebbe mai venuta in mente, per descriversi, un'immagine del genere. Con quella criniera di capelli, lui che era il campione in carica, semmai si sentiva un re che stava per lasciare il trono. D'altronde, chi si accorge del modo in cui veniamo percepiti dagli altri? Chi riesce a comprendere quale volto viene intravisto da chi ci osserva?

Il russo e l'americano. I due rivali, agli occhi di tutti. Era davvero cosí o era un modo di semplificare la loro relazione? Eppure erano uno contro l'altro. Il campione e lo sfidante. Il re e il rivoluzionario. Con tutta quella gente, e tutta quell'attenzione rivolta su di lui, Boris non sapeva dire se a prevalere fosse il piacere o il fastidio. All'improvviso, ogni cittadino del mondo si interessava alla loro sfida. Forse perché in ogni partita, a un certo punto, come accade in una battaglia o in un duello, si ha la sensazione che uno dei due stia per crollare, e non si vede l'ora che quel momento arrivi.

Stringeva un ombrello nella mano destra. Al suo

fianco, poco dietro, lo seguiva senza quasi pronunciare una parola Nikolaj Krogius, uno dei suoi assistenti piú fidati. Nikolaj portava sempre gli occhiali da vista con delle lenti tonde scure. I capelli cortissimi. Ero uno psicologo dello sport, ma con quegli occhiali e quel taglio sembrava piuttosto una spia del Kgb. Con lui, Boris aveva polemizzato piú volte sul modo di preparare gli incontri. Dopo aver lasciato Bondarevskij come allenatore – o era stato Bondarevskij a lasciare lui? –, faceva una certa fatica a seguire i consigli di Nikolaj, il quale non perdeva l'occasione di ricordargli che doveva studiare l'avversario in ogni minimo dettaglio, se voleva scovarne le debolezze. Nikolaj era convinto che si potesse controllare tutto, o che si dovesse fare il possibile per dominare ogni cosa. Istante dopo istante, minuto dopo minuto. Ma Boris non la vedeva cosí. Non era in quel modo che voleva affrontare la sfida. Non era cosí che voleva affrontare Robert Fischer.

È difficile stabilire quando fosse scattata in lui l'avversità per un tipo di approccio eccessivamente scrupoloso alla partita. Di sicuro, non aveva a che fare con nessun tipo di fatalismo, quanto piuttosto con un misto di cavalleria e disincanto. Uno stato d'animo che gli faceva accogliere una vita piú spaziosa, meno ristretta, meno china sul sentiero ossessivo della vittoria da conseguire ad ogni costo. Sapeva che quasi tutti i suoi ex allenatori lo davano per spacciato. Ma lui era lí. Era a Reykjavík a mettere in palio il titolo di campione del mondo di scacchi. Un titolo conquistato tre anni prima con una fatica che solo lui conosceva. Era lí, in quell'isola vicina al Circolo polare artico, ad affrontare il suo avversario.

Guardò per un attimo verso la baia. Le nuvole facevano pensare alla pioggia. Quel giorno avrebbero ripreso la decima partita, interrotta la sera prima. Forse la partita piú bella, quella in cui si era sentito piú leggero, piú sicuro, piú felice di giocare. Forse la partita per cui era valsa la pena di arrivare fin lí. A mettere in palio quello che, agli occhi degli altri, aveva di piú prezioso.

Non è facile, ma a ciascuno di noi capita prima o poi di doversi confrontare con chi desidera quel che abbiamo di piú caro. Prima o poi arriva il momento di misurarsi con qualcuno che vuole toglierci il ruolo che siamo riusciti a conquistarci. Ma fino a che punto, e a quale prezzo, ha senso desiderare la vittoria, imporre la sconfitta, infliggere un'umiliazione? A cosa serve combattere con ferocia e ossessione un avversario? Non è forse meglio essere colui che, subendo la sconfitta, non è responsabile del sangue altrui? Non è forse meglio cercare nel rivale quel che di umano ancora possediamo?

Boris sembrava rallentare i passi, quasi volesse dilatare il tempo di quella decima partita. Gli occhi azzurro-verdi. La mano sinistra in tasca. Il corpo compatto, robusto. Da ragazzo aveva fatto atletica: il salto in alto. Un giorno era riuscito a salire, vincendo la forza di gravità, fino a un metro e settantacinque centimetri. Aveva bisogno dello sport, dello sforzo fisico. Per lui era un modo di abbassare la temperatura della propria irrequietezza e allo stesso tempo la via per raggiungere quella tempra fisica che lo faceva sentire meglio. Al pari di uno scrittore che all'alba si mette in cammino per girare intorno al deserto prima di sedersi alla scrivania e cercare per ore il filo di parole piú preciso, anche Boris aveva bisogno di camminare, di correre, di muoversi, prima di sedersi e spostare le pedine nella sequenza di mosse piú sorprendente e letale possibile.

Ormai intravedeva il palazzetto dello sport. Presto avrebbero ripreso la sfida. Nello spazio aperto sentiva il sibilo del vento, il rumore dei suoi passi e nient'altro. Era quello che desiderava. Non avrebbe mai accettato di giocare in una città del Sud, non sopportava il caldo, l'atmosfera umida. Adorava le città fredde, quelle con una baia sul mare. Adorava le città dove si sentiva l'odore salmastro. Ripensava a quando da bambino aveva scoperto gli scacchi. Era successo nelle isole Kirov, nell'arcipelago del Mar di Kara, di fronte alla Siberia. I banchi di sabbia, le lagune con l'acqua bassa. La tundra. Nel girovagare infantile, in una di quelle fughe che si compiono quando i genitori sanno che non puoi allontanarti troppo, e sei sicuro che se ti perdi qualcuno ti verrà a cercare, aveva scoperto un parco. E mentre un vento fresco scuoteva le foglie delle betulle, aveva visto una veranda di vetro con un'infinità di tavoli. E su ogni tavolo una scacchiera. E sopra ciascuna scacchiera un dispiegamento di torri, pedoni, alfieri, cavalli, regine, re. Era quello il mondo reale? O piuttosto qualcosa che veniva da un altro universo, un mondo meraviglioso e mai immaginato prima? Ogni mattina, per il resto dell'estate, aveva corso fino al parco, fino a quel patio, fino a quella veranda. Per sentire il vento tra le foglie delle betulle. Per guardare quell'infinito numero di scacchiere.

Poi arrivarono al Laugardalshöll. Come sempre, trovò la polizia all'entrata. Qualcuno del pubblico aspettava fuori solo per vedere da vicino uno dei due protagonisti. C'erano anche dei bambini. Ripensò a quando aveva iniziato a giocare da professionista. Aveva appena dieci anni. Ripensò ai giorni trascorsi all'orfanotrofio. Ai genitori. Alla storia che gli avevano raccontato, di come la madre avesse resuscitato il padre grazie a una bottiglia di vodka. La guerra. La fame. Quella fame assoluta, aggressiva, incredibile che aveva sofferto nell'estate del 1941 a San Pietroburgo. Una fame che sopraffaceva e stordiva. Guardava i bambini davanti all'ingresso posteriore del palazzetto dello sport e ripensava a quella prima volta all'orfanotrofio, quando rimasto solo davanti a una scacchiera si era mangiato tutti i pezzi dello schieramento avversario utilizzando solo la torre. Anche quei bambini giocavano a scacchi? Che tipo di fame avevano patito? Avevano trovato anche loro, in un parco nascosto, una veranda con dei tavoli e delle scacchiere? Avevano sentito il vento tra le foglie delle betulle?

Nel chiuso del palazzetto ripresero a muovere i pezzi. Boris aveva i neri. Robert i bianchi. Era rimasto concentrato a lungo. La sequenza delle sue mosse si concatenava a quella dell'avversario, come in un canone a due voci. Le due intelligenze, cosí diverse, partecipavano a una specie di composizione, alla messa in scena di uno spettacolo impalpabile e sublime. Niente è possibile senza l'altro. Qui però il risultato finale non era la composizione della melodia, ma il crollo dell'avversario. Le telecamere erano già state spente su richiesta di Fischer, la gente rimaneva distante, la temperatura era leggermente piú bassa di quanto Boris avrebbe desiderato. Sentiva il respiro di Fischer. Sentiva la pelle delle scarpe che faceva rumore. Guardava lo statunitense che lo scrutava da dietro le grandi mani con cui si copriva, o fingeva di coprirsi, il volto. Sentiva che quella partita gli stava sfuggendo. A quale mossa era accaduto? Alla

ventiduesima? Quando avrebbe potuto catturare l'alfiere
con il pedone e invece l'aveva fatto con la regina? O alla
venticinquesima? Sono infinite le strade da imboccare,
le sequenze di scelte che possono decidere l'esito di una
partita. Tutti sembravano attratti da Robert Fischer, il
folle, lo spietato, che voleva vincere e umiliare il rivale
fino ad azzerargli l'autostima; il ragazzo che cercava in
ogni modo di attirare l'attenzione, forse per fragilità,
per insicurezza. Alla cinquantaseiesima mossa, quando
ormai sulla scacchiera non c'era quasi piú alcun pezzo,
Boris si arrese. Fu lui a crollare. Non ci sarebbe stato
molto tempo per riprendersi. L'undicesima partita si sarebbe giocata dopo due giorni, domenica 6 agosto. Di
nuovo, si sarebbero ritrovati l'uno contro l'altro.

Nell'*Iliade*, quando Omero decide di mettere di fronte
Achille ed Ettore, quando pensa sia arrivato il momento
in cui i nemici, anziché scoprire una forma di compassione, debbano scontrarsi; quando gli appare inevitabile
che i due si sfidino, fa pronunciare a Ettore le parole che
piú di altre lo fanno sembrare capace di empatia. Prima
che le armi vengano impugnate per decidere il destino
l'uno dell'altro, Ettore, il cui mondo sta per scomparire, fa sapere ad Achille che nel caso in cui Zeus conce-
derà a lui la vittoria non infierirà spietatamente sul suo
cadavere: «Non ti sfregerò malamente».
E quasi invoca in Achille la stessa sensibilità, anche
in quelle condizioni cosí estreme e ultimative, condizioni
in cui si può agire soltanto per togliere la vita all'altro.
Se il confronto deve avvenire, che cerchino ciò che di
umano è rimasto nel rivale. Tanto che sempre ad Achille, a colui che gli sta contendendo tutto ciò che possiede, Ettore promette che se lo ucciderà restituirà il suo

corpo agli Achei. Poi chiede ad Achille di essere all'altezza della sua umanità: «Tu fa' altrettanto».

Dopo la sconfitta di quella decima partita, Boris uscí da solo verso la sera dolce di Reykjavík. Era indietro con il punteggio rispetto a Robert. Vide la bandiera dell'Unione Sovietica. Quante volte l'aveva vista sventolare, per le strade e le piazze. Non sapeva dirlo. Prima che iniziasse la finale per il titolo di campione aveva scritto alla federazione russa di scacchi pregandola di non intromettersi: quella partita riguardava solo lui e Fischer, Boris e Bobby. All'organizzazione, alle richieste, alle condizioni, avrebbe pensato con il proprio team. In federazione non avevano preso bene quella lettera. Se pensava alle telefonate che Fischer aveva ricevuto da Henry Kissinger, l'evidenza di quanto fossero diversi l'uno dall'altro lo faceva quasi sorridere. Eppure, per qualche motivo, Fischer non gli era antipatico. Anzi. Gli ricordava un amico di quando era ancora quindicenne. Ora Boris aveva trentacinque anni. E Robert ventinove. Boris lo chiamava Robert e non Bobby, come facevano quasi tutti. A differenza degli altri, ai suoi occhi quel giovane statunitense non appariva come un folle, come un uomo di un altro mondo. È vero: se gli avessero cancellato dalla testa le mosse di scacchi che aveva imparato, cosa sarebbe rimasto di lui? Quel pensiero, anziché farglielo sembrare un genio inumano, glielo faceva sentire come una figura tragica.

Si intravede da lontano, chi vorrà sfidarci; chi ci contenderà un affetto, un ruolo, un regno, una posizione che abbiamo conquistato con dedizione. La prima volta che Boris aveva incontrato quel ragazzo, Robert aveva

quattordici anni. I capelli cortissimi. Un ragazzino tra
le scacchiere e i professionisti. I giocatori si fermavano già a osservarlo, dietro le spalle di qualche spettatore, senza farsi notare. Come se quel ragazzo, invece
di essere un ragazzo, fosse un alieno arrivato da chissà quale pianeta. Come se fosse Achille. Quella volta,
però, lo aveva visto solo di sfuggita. Non era riuscito
neppure a parlargli.

La prima volta che lo aveva conosciuto davvero era
stato alla fine di marzo del 1960 a Mar del Plata, a cir-
ca quattrocento chilometri da Buenos Aires. C'era una
baia sul mare anche quella volta. Boris era arrivato in
aereo dopo uno scalo a Londra. Il volo per Buenos Aires
aveva accumulato un tale ritardo che con David Ionovič
Bronštejn aveva avuto il tempo di visitare il centro di
Londra di notte. Quando arrivarono nella capitale argentina scoprirono che nella lista dei partecipanti c'era
il ragazzino: Bobby Fischer. Il mattino seguente rag-
giunsero Mar del Plata dove anche Fischer, che aveva
viaggiato in treno con Osvaldo Manuel Bazan dormen-
do per quasi tutto il tempo, era arrivato. Alla stazione
Fischer riconobbe subito Bronštejn e lo salutò agitando
le mani. I quattro si ritrovarono a camminare insieme.
Boris e Robert cominciarono a parlare. Robert gli fece
un elenco di mosse, di giocatori, di partite. Sembrava
aver letto tutti i bollettini russi sugli scacchi. Era un
conoscitore ossessivo, affascinante. Boris aveva ventitre anni e Robert appena diciassette. Quella volta, a
Mar del Plata, Boris lo aveva battuto. Ma Robert, agli
occhi di Spassky, sembrava già un avversario complesso e articolato.

I due si erano affrontati altre cinque volte. L'ultima, era stata due anni prima, a San Francisco. Boris non aveva mai perso con Bobby. Due volte lo aveva battuto, le altre tre avevano pareggiato. Da allora, però, da San Francisco, non lo aveva piú visto. Erano cambiate molte cose. Robert forse non aveva seguito la via piú semplice per crescere. C'era quella ossessione di vincere e irridere l'avversario. Anche a Boris piaceva vincere, portare avanti la strategia e sconfiggere chi aveva davanti. Ma come Ettore, a Boris non piaceva schernire il rivale, non gli interessava profanare la dignità dello sconfitto. Robert invece perseguiva l'illusione dell'imbattibilità, traeva godimento quando umiliava l'avversario, come se da quel comportamento ne ricavasse un senso di immortalità. Era mai possibile sentirsi immortali? Non nascondeva anche lui un punto debole in cui poteva essere colpito mortalmente? Non aveva anche lui, come ciascuno di noi, una vulnerabilità sottratta alla vista altrui, un tallone in cui poteva essere ferito e ridotto in fin di vita?

Quando Robert era entrato nella sala il primo giorno della partita, l'11 luglio, Boris lo stava aspettando da almeno un'ora. Aveva già fatto la sua passeggiata nei campi, poi era rimasto seduto sulla sedia che gli aveva fornito l'organizzazione. Una di quelle sedie scomode in cui non ci si può muovere neppure di un millimetro. Robert invece era entrato di scatto, a grandi falcate, dopo che era passato troppo tempo, quando già si pensava che non si sarebbe presentato. Ad attenderlo, la sedia che si era fatto spedire appositamente dagli Stati Uniti. Boris, che aveva già fatto la prima mossa, si alzò in piedi. Era curioso di vederlo da vicino dopo tut-

ti quegli anni. Mentre si stringevano la mano, Fischer
guardò la scacchiera invece di incrociare gli occhi di
Boris. Dall'ultima volta che lo aveva visto a San Francisco, Robert era diventato piú robusto, portava i capelli piú lunghi, ma in quel completo forse di una taglia
piú grande della sua, restava sempre, ai suoi occhi, un
ragazzo sgraziato. Un airone, un grande uccello sulla
tolda di una nave. Sembrava spaesato e concentrato.
Cinico e infantile allo stesso tempo.

Robert lo aveva fatto attendere un'infinità di giorni.
Aveva rinviato l'inizio della partita, avanzato richieste
su richieste, imposto che il montepremi venisse alzato; si era messo a trattare sui gradi della temperatura a
cui gli organizzatori dovevano condizionare l'ambiente
della sfida, a ragionare anche sulla distanza delle prime
file degli spettatori. Sembrava che alla fine l'incontro
non si sarebbe mai svolto. Stava già combattendo la sua
battaglia, seppure quella visibile a tutti non fosse ancora iniziata. Era il suo modo di umiliare l'avversario.
Fischer non aveva neppure partecipato alla cerimonia
di inaugurazione, salvo poi scrivere a Boris una lettera
di scuse. Lo ringraziava di non aver presentato alcuna
protesta ufficiale, cosa che avrebbe potuto fare, e che
effettivamente fece la federazione russa quando Fischer
non si presentò il 2 luglio, il giorno in cui era stata fissa-
ta la prima partita di quel campionato. Robert lo aveva
adulato. Aveva cercato di incantarlo.

Boris lo stimava, sapeva che Robert era diventato
piú forte di lui. Ma per quelle ragioni insondabili che
ci spingono a lasciare che il destino accada nel modo in
cui abbiamo intuito che accadrà, a Boris non interessava utilizzare alcuna astuzia o sotterfugio. In ogni relazione ciascuno di noi, affinché possa essere compreso e

apprezzato, non può che essere se stesso. Anche in una partita di scacchi. Robert allora non poteva fare a meno di alzarsi all'improvviso e mostrare la gioia sprezzante per la vittoria, perché cosí gli veniva naturale, come per Boris era normale complimentarsi sinceramente con lui. Non era una questione di soggezione o altro. Si trattava di essere se stessi. Non c'è un altro modo per riuscire a stare con gli altri. Non c'è un altro modo di vivere senza doversi vergognare o pentire di qualcosa.

Le mosse sulla scacchiera si susseguivano. Non erano un semplice muovere di pezzi, ma un modo di svelare il proprio io. E piú andavano avanti, piú i due prendevano consapevolezza di qualcosa dell'altro che non era solo una curiosa forma di intelligenza. A Boris, Robert piaceva. Nessuno riesce a evitare di essere attratto da chi possiede una personalità quasi opposta alla nostra. Da chi non è il nostro riflesso, il nostro simile. Quasi avessimo bisogno di confrontarci con chi ha quel che a noi manca. Ci incuriosisce ciò che non riusciamo a comprendere, o a condividere, fino in fondo.

Fischer, almeno allora, non sembrava colpito da quel senso della fine che invece da qualche tempo sembrava pervadere la mente di Boris. La fine di un impero. Aveva cominciato a sentirla durante la finale giocata a Belgrado nel 1970, quando tutti i campioni russi si erano scontrati con i campioni del resto del mondo. Era lí che aveva cominciato a sentire quella sensazione che lo stava rodendo. Contro Larsen si era messo a fumare durante la partita. Chissà cosa avevano pensato di lui. Dovevano vincere con molti punti di distacco e invece avevano vinto di una spanna appena. Gli uomini del comitato russo dello sport avevano deciso l'ordine con cui gli scacchisti avrebbero giocato. Cosa ne potevano sapere della sequenza migliore di schierare i giocatori? Cosa ne sapevano loro di quel che accade tra le linee di una scacchiera?

Allora Boris non aveva avuto la forza o la voglia di intraprendere una battaglia. Si era limitato a raccontare a quei signori la storia del potentissimo re persiano Dario III, l'ultimo re della dinastia achemenide. Un giorno il sovrano – aveva raccontato – mentre controllava e ammirava la maestosa disposizione della sua armata con oltre centomila uomini e i meravigliosi elefanti da battaglia, invece di provare entusiasmo, si sentí quasi assalito da una sfiancante malinconia. Qualcuno a lui vicino – aveva ricordato Boris ai potenti del comitato russo – gli chiese se qualcosa lo turbasse. E il re, con gli occhi socchiusi, perduto in un altro mondo e in un altro tempo, rispose che nel giro di qualche decennio nulla sarebbe rimasto di quel potere. Disse che tutti i suoi soldati e lui stesso erano ormai invecchiati. Boris, quei giorni a Belgrado, aveva provato la stessa sensazione. Dario sarebbe stato sconfitto da Alessandro il Grande. Boris, in qualche modo, stava aspettando anche lui di incontrare Alessandro il Grande, colui che avrebbe distrutto il suo impero. L'uomo che avrebbe sterminato i suoi meravigliosi elefanti da battaglia.

Quasi un mese dopo, il 1° settembre, dalla sua stanza dell'Hotel Saga a Reykjavík, in quell'isola vicina al Circolo polare artico, Boris, quando mancavano una decina di minuti alle 13, prese la cornetta del telefono e chiamò l'arbitro Lothar Schmid. Gli disse che non si sarebbe presentato alle 14 e 30: la ventunesima partita contro Robert Fischer non avrebbe avuto luogo. C'è alle volte un sottile piacere nel concedere all'altro, all'amico, all'avversario, qualcosa che ci è appartenuto. C'è un'insondabile forma di appagamento nel rinunciare a qualcosa che eravamo riusciti a ottenere con fatica. Robert sarebbe diventato il campione del mondo. Boris, dopo esserlo stato per oltre tre anni, si sarebbe liberato finalmente di tutto quel peso. Quando uscí, gli parve quasi di vederli in lontananza, i meravigliosi elefanti da battaglia dell'esercito persiano che ciondolavano lungo la baia di Reykjavík.

Anche Omero, a un certo punto, decide che è arrivato il momento di portare a termine la sfida, lo scontro, la battaglia tra Achille e Ettore; e anche per Omero la resa dei conti avviene quando ormai i pezzi sulla scacchiera sono di numero esiguo. Ma invece di Ettore è Achille a trionfare. Omero, non si sa se per gloriarne le gesta o per mostrarne fino in fondo la cupezza dell'animo, lascia che sia lui a colpire la gola di Ettore con l'asta di frassino ricoperta di bronzo. E in quel momento gli fa dire, mentre Ettore è sul punto di crollare: «Di te cani ed uccelli faranno scempio». Nessuna compassione è rimasta nell'animo di Achille. Nulla, nonostante quello che Ettore ha invocato in lui, è sopravvissuto di umano.

Quando rientrò nella hall, Boris incontrò Harry Benson, il fotografo del «Time» che era a Reykjavík per ritrarre la sfida, catturare le smorfie di Fischer, provare a imprimere sulla pellicola il mistero del loro scontro. Gli scatti, le fotografie in bianco e nero. Quando se lo vide davanti, Boris gli sorrise e gli disse che c'era un nuovo campione. E quando Benson provò a chiedere di piú, Boris confessò che si era appena ritirato. Non gli raccontò di Dario III, del re persiano, non lo invitò a guardare fuori, a vedere gli elefanti nella baia. Gli disse che si trattava solo di un evento sportivo e che ora aveva voglia di fare una passeggiata.

Dallo scontro con chi desidera quel che possediamo, usciamo sempre trasformati. Non solo noi, che alla fine perdiamo quello che avevamo conservato in cambio di un'insolita libertà, ma anche chi ci ha sfidato, chi si è voluto impadronire di ciò che ci è appartenuto. Tutti usciamo mutati dal confronto con chi è diverso da noi. E dopo che le armi si sono abbassate, il rapporto assume un'altra forma. Durante la finale Robert aveva fatto scempio del corpo di Boris, lo aveva irriso, ma negli anni successivi non seppe resistere al peso di quella vittoria. Le ossessioni, i disagi da cui non riusciva a liberarsi. Dopo quella partita a Reykjavík, scomparve quasi, non giocò piú. Boris, invece, lasciò la seconda moglie e si risposò con una francese di origine russa. Fu costretto ad abbandonare la madrepatria. Sognava sempre le città con le baie. Il mare. Il vento. Visse a lungo a Meudon, nell'Île-de-France. Nella sua vita continuarono a esserci i viaggi. E le partite.

Passarono gli anni e tra i due, tra Boris e Robert, tra il re e il rivoluzionario, il filo, anche se tenue e quasi invisibile, non si spezzò mai, anche quando non erano sotto le luci dei riflettori. Anche quando il mondo non li scrutava con curiosità e avidità, con il desiderio di assistere all'attimo in cui uno dei due sarebbe crollato sotto i colpi dell'altro. D'altronde, c'è una forma di amicizia priva di gesti quotidiani che non ha nome, che non ha regole. È lieve e impalpabile. È una pianta che non richiede di essere innaffiata con frequenza, ma che fiorisce lo stesso. È sottile, esile, eppure dal suo stelo scaturisce una forza inattesa.

Qualche volta era Robert a chiamarlo. Boris lasciava

che fosse cosí. Solo Robert sapeva quando voleva sentirlo, scambiare qualche parola. Solo lui sapeva quando gettare l'ormeggio della propria solitudine nel porto di Boris. Allora si incontravano per mangiare un boccone in ristoranti semivuoti. Boris e Robert. I simboli di una rivalità che a molti era sembrata una guerra tra due imperi. Se ne stavano seduti uno di fronte all'altro, aspettando che il cameriere elencasse quel che c'era da mangiare. Raccontavano di come se la passavano, ciascuno chiedeva consigli all'altro. Al tavolo, si scambiavano piccoli pensieri. Come accade in certe amicizie quando si è piccoli. Non c'è bisogno di dirsi molto, basta lo scambio di un sassolino raccolto sulla battigia a dare l'impressione di condividere una ricchezza mai veduta. Fu allora che ebbero l'idea di giocare di nuovo. Erano trascorsi vent'anni. Si sarebbero sfidati prima in una piccola isola del Montenegro e poi a Sarajevo.

Quando si presentarono alla conferenza stampa era come se, sotto i riflettori del mondo, fossero ricomparsi due animali straordinari, due elefanti da guerra alle soglie di un nuovo millennio, mentre la Jugoslavia andava in frantumi e sembrava che l'Europa intera prendesse fuoco. Quel gesto fu considerato un'infrazione alla legge. In quel periodo infatti gli Stati Uniti avevano deliberato delle sanzioni contro la Jugoslavia e nessun cittadino americano poteva svolgere alcun tipo di attività in quel Paese. Bobby, pur di giocare di nuovo una partita contro Boris, violò le disposizioni del Dipartimento di Stato e il 15 dicembre del 1992 la corte distrettuale degli Stati Uniti emise contro di lui un mandato di arresto. Quando il 13 luglio del 2004 Fischer fu arrestato dalle forze di polizia statunitensi all'aeroporto Narita di

Tokyo, Boris, con la sua criniera imbiancata, decise di
scrivere una lettera al presidente degli Stati Uniti. Non
aveva alcuna intenzione di giustificare il comportamento di Fischer. Non è necessario condividere tutto quello
che compie un amico, per continuare a provare lo stesso affetto nei suoi confronti. Non è necessario avere le
stesse idee della persona a cui siamo legati, per deciderci
infine a un gesto che le dia il sollievo di cui ha bisogno.

Nella lettera Boris spiegava che Robert aveva una
personalità tragica, ma in fondo era un uomo onesto
e buono. Puntualizzò che qualsiasi cosa avesse fatto,
in fin dei conti a rimetterci era stato soprattutto lui.
Nell'ultimo paragrafo chiese la grazia per Fischer, per
il suo avversario di sempre, il rivale che lo aveva deriso
e battuto davanti agli occhi del mondo, la persona che
alla fine era diventata un suo amico. Chiese la grazia, e
se non fosse stato possibile quell'atto di clemenza, scrisse, «mi arresti, mi metta in cella con Bobby Fischer e
ci procuri una scacchiera». E mentre lo scriveva, era
convinto che se fosse stato necessario anche Bobby, al
contrario di Achille con Ettore, questa volta, avrebbe
fatto lo stesso con lui.

Altre forme di somiglianza

Gustave Flaubert, quando si mise a scrivere quella storia della donna che amava innamorarsi, giunse a un punto in cui decise di lasciare che Emma e Léon, dopo essersi perduti senza aver soddisfatto il proprio desiderio, dopo essersi ritrovati a Rouen, scovassero infine un luogo dove consumare il palpito d'amore. Tuttavia non offrí loro la possibilità di un incontro in un luogo riservato, e li costrinse a esporsi alla curiosità, alla morbosità, allo sguardo e al giudizio altrui. Persino a quelli del cocchiere. Cosí Emma e Léon, per riuscire a unirsi in quel fremito, dovettero utilizzare la carrozza tirata dai cavalli e attraversare Rouen e i dintorni.

A molti lettori, leggendo la storia scritta da Flaubert, verrebbe istintivo giudicare ciò che i due amanti stanno facendo. Per qualche ragione si sentirebbero superiori, diversi, migliori. A molti, in occasioni di questo tipo, quando cioè la vita ci pone di fronte a qualcosa che non risponde ai nostri modelli di comportamento, viene l'istinto di puntare il dito contro l'altro, di ricordare che ci sono delle regole da rispettare, anche quando la persona che finisce nel mirino del giudizio è qualcuno che ci è molto vicino. Una moglie, un marito, un amico, un'amica. Persino un figlio, un adolescente. Sentenziare, puntare il dito, giudicare.

Ad ogni modo Gustave Flaubert, invece di rimaner-

sene in strada con tutti gli altri a indicare, o a ribadire
la differenza tra ciò che è morale e immorale, ha preferito avvicinarsi e salire sulla carrozza. Ha preferito stare insieme a Emma e Léon per capire cosa provavano e
indagare per quale ragione Emma avesse scelto di inabissarsi fino a quel punto.

Dovette essere per quella specie di avversione a puntare il dito, almeno quando si trattava delle umane relazioni, per quella sorta di idiosincrasia a giudicare, almeno
per quel che riguardava i legami emotivi, che François
Truffaut, nell'autunno del 1958, scelse come protagonista del suo primo lungometraggio Jean-Pierre Léaud.
Un ragazzino fuggito dall'École des Cadets de France
«Les Verrières», il collegio di Pontigny, un frammento
di terra a nord-est di Auxerre, dove lo avevano spedito
i genitori e da cui non si vedeva altro che un cancello,
la terra battuta e la mesta desolazione delle solitudini
provinciali.
Sentiamo sempre l'urgenza di ribellarci quando nell'e-
tà dell'infanzia qualcuno piú grande di noi, ma non per
questo piú compassionevole, ci relega, per punizione,
lontanissimo dalla vita e dalla città dove ogni cosa sembra sul punto di poter accadere. Sentiamo sempre l'urgenza di un riscatto, di una fuga, di una scelta che ci
permetta di avvicinarci di nuovo alla vita. Durante i pro-
vini, che si tenevano nei pressi degli Champs-Élysées,
François gli chiese l'età. Aveva quasi quattordici anni,
forse troppi per quel ruolo. Cosí a Jean-Pierre venne naturale di sottolineare che in fondo non era molto alto, e
poteva dimostrare benissimo i dodici anni e mezzo del
protagonista. Aveva visto in quell'occasione la sua unica possibilità di salvezza e non voleva lasciarsela sfuggi-

re. Allora fece ricorso alle sue risorse inattese. Mostrò, argomentò, cercò di convincere l'altro che era la persona che stava cercando. D'altronde, non volevano un tipo che avesse anche un non so che di canzonatorio e beffardo? E quando il regista gli chiese se fosse un vero *gouailleur*, Jean-Pierre sorrise: «Cosí dicono di me». In quel momento cominciò a prendere fiducia. Come è normale che sia quando incontriamo qualcuno che si incuriosisce alla nostra storia, specialmente durante l'adolescenza, in quei giorni della vita dominati dalla rabbia e dalla sofferenza; quando qualcuno sembra avere pazienza e si ricorda quel che è accaduto a lui all'epoca in cui aveva la nostra età.

Di fronte alla telecamera, Jean-Pierre mostrò di sentirsi a proprio agio. Ma non dovette essere solo per questo che François decise di sceglierlo per interpretare il ruolo di Antoine Doinel, il protagonista del suo primo film. Piuttosto, a indirizzare definitivamente la sua scelta sul ragazzino fu la lettera che il preside del collegio di Pontigny gli inviò per metterlo in guardia su Jean-Pierre, descrivendolo come un individuo ingestibile, indifferente, arrogante, privo di disciplina, uno che era stato sorpreso due volte mentre sfogliava delle immagini di nudo femminile nel dormitorio. Un caso emozionalmente disturbato. Il preside che puntava il dito, che giudicava, che valutava in base a un'ideale raffigurazione predefinita un ragazzino che non aveva trovato ancora qualcuno che credesse in lui. Neppure la madre, neppure il padre.

Il preside non sapeva che con il suo atteggiamento, invece di allontanare François da Jean-Pierre, non avrebbe fatto altro che spingerlo e avvicinarlo a lui, facendoglielo sentire ancora piú affine. Non sapeva che puntando il dito, non avrebbe fatto altro che salvare il ragazzo. Il preside non era a conoscenza del passato di François, del carcere e delle notti al freddo. Non sapeva nulla del patrigno e della madre indifferente. Dei giudizi che aveva dovuto subire. Del dito puntato contro quando non aveva neppure undici anni. Non sapeva che François, come Gustave, preferiva salire sulla carrozza invece di giudicare, preferiva capire dove stesse scappando il ragazzino, inseguirlo con la telecamera, stargli attaccato, per comprendere davvero quel che provava.

I primi giorni di novembre, in un piccolo appartamento al numero 82 di Rue Marcadet, cominciarono le riprese. Le sigarette e gli spazi angusti. Antoine Doinel che gettava il carbone nella stufa. Il fuoco che risaliva dalla bocca stretta. Lui che si puliva le mani sulla tenda e sottraeva i soldi dal cassetto dei genitori. Antoine nella stanza della madre. Lo specchio. I profumi. Lui che cominciava a mettere i piatti in tavola, le posate. Allo stesso tempo, Jean-Pierre viveva l'ebbrezza di una libertà improvvisa, quella del giovane attore, e lo strazio di interpretare un'infanzia simile a quella che aveva vissuto. A quell'età accade sempre che le emozioni siano cariche di sfumature opposte. Il sollievo, la felicità, lo struggimento.

La casa era davvero troppo piccola per quella troupe di quasi venti persone. Sul set François si sentiva osservato. Anche se aveva ventinove anni, rimaneva un ragazzo fragile e irrequieto. Faticava ancora a liberarsi dalla pesante ombra del giudizio che aveva dovuto subire. Non bastavano le sigarette, non bastava lo sguardo beffardo, non bastava niente. Non riusciva a parlare ai ragazzi, non riusciva a rivolgersi a Jean-Pierre con la purezza con cui avrebbe voluto. Allora lasciò che fosse l'operatore a farlo, quell'operatore che aveva voluto con tanta insistenza, sicuro che avrebbe svolto il suo mestiere come pochi altri; lasciò che fosse lui a riprendere i sali e scendi di Antoine dall'appartamento alla strada per comprare la farina o per buttare l'immondizia. Lasciò che fosse lui a riprendere i risvegli di Antoine al mattino presto con il pigiama strappato sotto la manica del braccio destro. L'umiliazione subita in classe. Il coraggio. Tutti i sorrisi. Piú passavano i giorni, e piú Antoine Doinel, la figura immaginata, il personaggio irreale, il ragazzino di finzione, sembrava perdere l'identità bidimensionale che aveva avuto tra le righe della sceneggiatura, nello spazio delimitato della carta, per diventare il punto d'incontro, incredibilmente reale e concreto, di quel che erano stati in tempi diversi, e in forme diverse, Jean-Pierre e François. Ci stupiamo sempre quando ritroviamo in una persona qualcosa che abbiamo vissuto anche noi, quando scopriamo che un'esperienza che pensavamo unica e umiliante appartenga in realtà anche a un altro individuo, magari proprio a chi ci sta prestando attenzione. Ed è per questo che lentamente riusciamo a liberarci del carico angosciante di quel che abbiamo vissuto e non avremmo mai voluto vivere.

Poi arrivò il 19 novembre e tutti uscirono all'aperto. Si sparsero quasi su Place de Clichy, dove avrebbero girato la scena del bacio tra la madre di Antoine e il suo amante. Il bacio che il ragazzino viveva come un tradimento e una ferita. Antoine era appena stato con René, il compagno di avventure, alle giostre. Poi erano usciti in strada. François chiese all'operatore di rimanere distante, di riprendere i due ragazzini da lontano. Voleva che si vedessero di spalle mentre nei loro

cappotti camminavano in discesa lungo il grande mare
delle auto. Tra i rumori della città e i passi veloci degli
adulti, apparivano ancora piú fragili di quel che erano,
ma allo stesso tempo piú vivi e pulsanti di chi appartiene al mondo dei grandi. Come può accadere vertiginosamente solo nel tempo dell'adolescenza. Fragili e vi-
vissimi. L'operatore li riprese mentre si infilavano tra
una vettura e l'altra, poi passò alla scena della madre
che, chiusa nell'abbraccio dell'amante, lo baciava vicino all'uscita della metro. Allora la macchina da presa si
spostò sullo sguardo di Antoine, nel momento esatto in
cui incrociò quello della madre. La donna che si staccava
dall'amante sorpresa da quella presenza, e Antoine che
la seguí per un po' con gli occhi, girandosi con il volto,
mentre spingeva l'amico ad allontanarsi. Fu allora che
l'operatore, su richiesta di François, tornò a riprendere
solo i due ragazzini, questa volta però di fronte, mentre
attraversavano la strada.

Nulla è cosí doloroso, quando si è adolescenti, come
il tradimento di un genitore, come la fiducia non ripa-
gata, come la rivelazione di un comportamento che non
pensavamo appartenesse a nostra madre. Nulla è cosí
doloroso come lo scoprire l'immaturità e la frivolezza
dei nostri genitori. Al cospetto della loro inadeguatezza
non sappiamo come difenderci. Nulla sembra placare il
disagio. Allora non resta che ribellarsi. Fuggire. Compiere un gesto eclatante.

Poco dopo, troupe e attori si ritrovarono per cinque giorni nel quartiere d'infanzia di François, in un
appartamento in Rue Pierre-Fontaine, che nel film sarebbe stato la casa di René, l'amico borghese di Antoine. François prese coraggio. In parte, fu lo stesso Jean-
Pierre a infonderglielo grazie a quello che gli lasciava

intravedere. Proibí le visite prima delle sei e mezzo del pomeriggio. Non voleva che nella casa venisse meno l'intimità indispensabile. Le scene dei due bambini dovevano essere perfette. I macchinisti, gli elettricisti, i tecnici dell'immagine e gli assistenti, tutti avevano un ruolo preciso. Nessuno di loro doveva guardare François mentre parlava ai ragazzi. In quei momenti, Truffaut riusciva a sentirsi piú vicino a Jean-Pierre, piú vicino ad Antoine, un po' come doveva essere capitato a Gustave quando era salito sulla carrozza insieme a Emma e Léon. Quando François rivide il girato di quei giorni, mandando la pellicola avanti e indietro, Jean-Pierre gli apparve inaspettatamente vivo, vero, reale, inatteso, persino piú di quanto avesse immaginato. Rimaneva a lungo da solo davanti a quelle scene. Erano un insieme di ricordi, finzione, realtà e ancora qualcosa in piú. Qualcosa a cui attingere per capire meglio ciò che era accaduto persino a se stesso.

Mentre François girava il film, di cui conosceva già il finale, era curioso di comprendere cosa pensasse davvero Jean-Pierre Léaud, era curioso di sapere cosa pensasse davvero Antoine Doinel. Tanto che quando Jean-Pierre diventò piú grande, e continuò a essere il protagonista dei film di François, sempre nei panni di Antoine Doinel, François non ebbe mai il coraggio di mandare al macero il girato con tutte le scene in cui appariva il suo alter-ego, il suo simile. Non aveva mai smesso di interrogarsi su cosa provasse davvero. Su quel che lui stava riuscendo a dare a Jean-Pierre e viceversa.

Negli incontri, nei legami, non accade mai che sia solo uno a dare, nonostante in alcuni casi possa sembrare naturale cosí. Anche quando piú esplicitamente sembrerebbe che uno dei due offra il meglio di sé, il proprio aiuto, per fare in modo che l'altro ne tragga un beneficio maggiore e si riscatti aggrappandosi alla mano tesa, si scoprirà invece che anche l'altro è in parte benefattore, in forme e misure spesso incomprensibili e non quantificabili. È in questo sortilegio, in questa specie di sorpresa e stupore che risiede l'inatteso custodito in ogni legame. E mentre osservava il girato, François si accorgeva di avere avuto una fortuna incredibile a incontrare quel ragazzino. Prima, nella sceneggiatura, il personaggio era piú fragile, indifeso, meno aggressivo; Jean-Pierre gli stava infondendo la propria forza, la propria aggressività, il proprio coraggio. Trovava i gesti giusti, rettificava il testo. Impiegava le parole che aveva voglia di impiegare. E allo stesso modo, smetteva di essere semplicemente un ragazzino che recitava. Non era un piccolo attore. Tutt'altro. Era molto di piú. Da parte sua Jean-Pierre, ogni giorno che passava con François, usciva un passo alla volta dal cunicolo di frustrazione in cui lo avevano condotto i genitori, il giudizio del preside del collegio, tutte le umiliazioni che gli adulti parevano essersi divertiti a infliggergli.

Poco prima del Natale del 1958 la troupe si trasferí in Normandia per le ultime scene. Forse fu solo un caso che si trovassero a pochi chilometri da Rouen, a pochi chilometri da dove Flaubert aveva portato Léon e Emma per la scena chiave del giro in carrozza. Forse, invece, non lo fu. Girarono la scena finale al Moulin d'Andé, vicino a Saint-Pierre-du-Vauvray. È da lí che parte la lunga corsa di Antoine verso il mare. E forse non fu solo una scena del film che François chiese a Jean-Pierre di recitare, fu proprio un'esigenza, una dichiarazione di intenti, il rifiuto di quel che sarebbe potuto accadere di lí a poco, a riprese terminate. Nel riformatorio dove alla fine era stato messo in osservazione, Antoine Doinel, durante una partita di calcio con gli altri ragazzi reclusi, a un certo punto batte un fallo laterale e, approfittando della distrazione dell'insegnante, si infila sotto una rete metallica e comincia a correre in un campo senza voltarsi mai. Serio, quasi triste.

Passarono quattro mesi quando, il 14 aprile, François ricevette dal comitato del Festival di Cannes l'annuncio che il film era stato accettato nella lista delle opere in gara nella rassegna di quell'anno. Due settimane dopo, Jean-Pierre e François noleggiarono gli smoking per la proiezione ufficiale che si sarebbe tenuta il 4 maggio del 1959. Due giorni prima della proiezione, arrivarono al Carlton Hotel. C'erano anche la moglie di François e i genitori di Jean-Pierre. Durante la proiezione, furono entrambi sorpresi degli applausi di chi rimase affascinato da quell'opera pura e cristallina, semplice e diretta; dal modo in cui il disagio dei ragazzi veniva messo a nudo in una dimensione cosí assoluta. Il giovane-adulto e il ragazzino vennero portati in trionfo, increduli di quel frutto che insieme avevano coltivato e fatto nascere, un frutto che solo loro due potevano far crescere e maturare. A impressionare il pubblico fu soprattutto la scena della fuga verso il mare, che si chiudeva con il primo piano, in un fermo immagine, di Jean-Pierre/Antoine che guardava in macchina. Nulla veniva pacificato. Restava l'irrequietezza. Restava il quesito posto a chi era adulto e non aveva saputo rispondere. Restava il disagio. Restavano le parole del preside del collegio. Restava il rebus del comportamento, delle regole da rispettare. Restavano la compassione e il dito puntato.
Qualche mese dopo, in una lettera scritta a Helen

Scott, François raccontava che Jean-Pierre Léaud stava
meglio. Non viveva piú con i genitori, ma presso una
famiglia che aveva sei figli in una casetta di periferia.
Jean-Pierre aveva una camera tutta per sé. Nel frattempo, recuperava in un istituto speciale gli anni di scuola
perduti. Sembrava che si trovasse bene. Passava con i
Truffaut tutti i week-end. François, in qualche occasione, avrà avuto senz'altro la tentazione di dirgliene quattro, e forse non si tirò indietro. Ma nonostante tutte le
difficoltà, non pensò mai, a differenza del preside del
collegio di Pontigny, che Jean-Pierre fosse emozionalmente disturbato. Negli anni successivi, per molto tempo, avrebbero condiviso insieme il tentativo di dare vita
alle avventure di Antoine Doinel. E in quegli anni, film
dopo film, esperienza dopo esperienza, continuarono a
stringere un raro e prezioso legame di identificazione.
   C'è una foto, scattata negli anni della maturità, in
cui i due sembrano padre e figlio, o un fratello maggiore
e quello minore, tanto si somigliano. Tanto l'uno sembra avere dentro di sé qualcosa dell'altro. Tanto appare identico lo sguardo ribelle che condividono. Si somigliano al punto che non si riesce neppure a stabilire con
esattezza l'età dell'uno e dell'altro. Chi sia l'uno e chi
sia l'altro. Un padre e un figlio. Il fratello maggiore e il
fratello minore. Eppure non erano né padre e figlio, né
fratello maggiore e fratello minore. Avevano le stesse
sembianze, la stessa espressione, la stessa tenerezza, la
stessa rabbia. Cosí succede a chi condivide qualcosa di
tragico e unico, di sorprendente e vitale. Cosí accade a
chi si affida l'uno all'altro per cercare il riscatto che altrimenti gli verrebbe negato.

La inesorabile trasparenza

L'ultima volta che lo aveva visto era stato nell'agosto del 1961. A Punta del Este. Era partito con la famiglia da Buenos Aires, non appena avevano saputo che Ernesto avrebbe partecipato alla Conferenza degli Stati Americani in quella lingua di terra dove l'Uruguay si protende fin dentro l'oceano Atlantico, allo stesso modo in cui Buenos Aires si apre verso Mar del Plata, la località balneare dove i Guevara avevano passato quasi tutte le vacanze dell'infanzia. Con i costumi e i sorrisi. Juan Martín, prima di partire aveva pensato a Mar del Plata. Poi quando lo aveva visto a Punta del Este, il fratello gli era apparso come una visione, come la miglior parte di sé, le qualità perfette della famiglia che si erano incarnate in una sola persona. Non riusciva a nascondere un sorriso di soddisfazione, che diventava subito stupore. Ernesto, d'altro canto, nonostante la grande battaglia politica, nonostante il guerrigliero che era diventato, riusciva a mantenere con la famiglia un rapporto affettuoso e intenso. Anche se in quei giorni era preso da numerosi impegni, dalla Conferenza, dal discorso, dagli incontri con gli altri rappresentanti, dagli spettacoli ufficiali a cui assistere, a pranzo faceva sempre in modo di stare con loro, come farebbe un ragazzo, uno studente, e non il comandante che ha guidato la rivoluzione per liberare un'isola dalla dittatura. Arrivava per mangiare con la famiglia e si sistemava tra la madre e la zia Beatriz.

Laggiú, a Punta del Este, dove lo aveva visto per l'ultima volta, Juan Martín ricordava che avevano scattato delle foto. In quei frammenti di luce e tempo aleggia ancora, evanescente e fuggevole, una certa preoccupazione, una specie di presagio di ciò che sarebbe successo e che nessuno avrebbe potuto evitare. Juan Martín aveva diciassette anni e cominciava a portare anche lui i capelli neri modellati dalla gelatina, proprio come Ernesto. In uno degli scatti, indossa una camicia bianca il cui colletto sbuca da un maglioncino beige a v. La madre, all'estrema sinistra, ha la bocca aperta e l'atteggiamento di chi si raccomanda con tutti i familiari, ricordando loro quel che si deve e non si deve fare. Al centro ci sono lui, Juan Martín, ed Ernesto, mentre all'estrema destra il fratello Roberto, già stempiato e con la cravatta stretta, ha lo sguardo allarmato. Tra la madre e Roberto, quella coppia di fratelli non può apparire piú incongrua: Juan Martín, cosí magro, sembra un uccellino spaurito rispetto al fratello piú grande, Ernesto, che indossa una divisa verde e ha l'aspetto di un rapace gentile.

C'è sempre l'ammirazione, l'ombra e il senso di colpa. Il confronto, la seduzione e il fascino. Un fratello si ritrova sempre a misurarsi con chi gli assomiglia, ma è altro da sé. Una variazione di tono, una scomposizione e ricomposizione misteriosa molto simile eppure differente. Un limite o una frontiera. Qualcosa che trattiene, per quel confronto che spiazza, e che allo stesso tempo spinge ad andare oltre, per l'esempio che offre. C'è sempre qualcosa che un fratello minore sente di intensamente vicino a sé in un fratello maggiore, ma anche di altrettanto diverso e ammirabile, per il sortilegio di quel che accade e delle persone che si incontrano. Quasi sempre, quando ci ritroviamo ad avere un fratello piú grande, finiamo per provare una silente e inconsapevole rabbia, accompagnata dalla seduzione e dalla stima. Dall'orgoglio di ciò che l'altra persona è, perché, in qualche maniera, è anche ciò che siamo noi. Il sangue condiviso. I silenzi notturni. L'amore di una madre. L'adulazione che a volte cambia sfumatura e somiglia alla gelosia taciuta, trattenuta nel tempo, quasi mai confessata. Il fardello che non riusciamo a toglierci di dosso. Il senso di colpa per quello che abbiamo provato, per quella specie di ammirazione che rischiava di soffocarci, di limitare il perimetro delle nostre azioni, dei nostri gesti, la distanza che avremmo potuto percorrere e non siamo riusciti a coprire a causa di quella presenza cosí maestosa. Il riferimento dei familiari sempre all'altro figlio, al fratello che ha compiuto imprese memorabili, ma che è stato fragile anche lui, senza che nessuno sia stato in grado di aiutarlo quando aveva bisogno di noi. Il confronto compiuto dagli altri che alla fine si è conficcato dentro, quando ancora esisteva solo l'ammirazione, quando ancora non si avevano che occhi di stupore. Poi le parole e i racconti.

«Chi sono io?» La domanda che sempre ci poniamo, che può assillarci in ogni momento della vita, assume una dimensione piú sorprendente e inattesa, ancor piú spiazzante, quando di fronte, al nostro fianco e sopra di noi incombe la figura di un fratello che ci ha preceduto nei giorni. Un fratello ammaliante per le azioni che è andato compiendo, per le cose che è riuscito ad afferrare e per quelle che ha saputo farsi sfuggire, per la scia luminosa che ha lasciato, per la lunghezza del salto che ha compiuto, per la velocità con cui è precipitato, oppure per la precisione delle parole che ha saputo pronunciare. Per la forza e il coraggio. Il fratello che gli altri ammirano e di cui tutti parlano. «Chi sono io?» La domanda che può sorprenderci per la prima volta nei giorni dell'adolescenza, al chiuso di una casa, quando gli animi si sono distesi e tutti hanno smesso di parlare, riponendo sotto le lenzuola pensieri e desideri; oppure all'aperto, lontano da casa, quando alla fine dei giochi, del sudore e delle rincorse, ci fermiamo a guardare lo spazio lontano. «Chi sono io?» Anche quando il tempo è passato e sono ormai lontani quei giorni che sembravano promettere un futuro grandioso e inatteso, quella domanda, quando abbiamo un fratello che ha gridato piú forte di noi e taciuto nei momenti in cui non siamo riusciti a farlo, diventa ancora piú urgente. E piú ce la poniamo, e meno riusciamo a trovare una risposta, se mai avrà senso trovarne una.

Sempre lo aveva inseguito, sempre lo aveva pensato, sempre lo aveva cercato. Anche se Ernesto aveva corso piú veloce di lui. Anche se Ernesto era stato posseduto presto dall'irrequietezza di girare le terre a cui avrebbe scoperto di appartenere come neppure immaginava. Il desiderio di crescere, di cambiare, di non eludere i quesiti che gli nascevano dentro. Quanto era stata forte l'emozione il giorno in cui avevano ricevuto l'invito da Fidel Castro di recarsi a Cuba per riunirsi con Ernesto. Riavvicinarsi a colui che era stato soprannominato «El Che» per il modo che aveva di insistere su quell'intercalare. Quanto era stata grande la gioia, la luce accecante.
    Allora Juan Martín aveva quindici anni. Appena arrivato, Ernesto si era lasciato togliere da lui il basco con

la stella rossa. «Per me sei Ernesto, non sei il comandante», gli aveva detto Juan Martín. Era un ragazzino.
E aveva vissuto quell'attesa in maniera febbrile. Non
vedeva l'ora di rimanere da solo con lui. Non vedeva
l'ora nonostante la rivoluzione, nonostante le morti, le
fatiche, i dolori che Ernesto aveva visto con i propri
occhi. Non vedeva l'ora di rivivere la stessa complicità. Era possibile ritrovarla intatta dopo tutto quello che
era successo a Ernesto? Dopo che suo fratello era mutato, non solo nell'aspetto, ma in ogni singola cellula per
tutto quello che aveva dovuto affrontare, per quella sua
necessità di mettersi al servizio di ciò che pensava e di
ciò in cui credeva?

Juan Martín lo aspettava ore intere. Ma sapeva che
alla fine avrebbero pranzato insieme. Juan Martín allora
rimaneva a guardare la barba, non cosí folta, di suo fratello. Ed Ernesto lasciava che Juan Martín gli preparas-
se il mate, quasi solo per rimproverarlo di aver lasciato
raffreddare l'acqua, oppure per ricordargli che doveva
studiare, esaltando l'importanza dello studio, della curiosità, della preparazione. Il riflesso, il fratello, l'altro.

Le vacanze da piccoli a Mar del Plata, lui seduto sulle
gambe di Ernesto, L'Avana, Punta del Este, quelle fotografie e quella specie di presagio. Tutto il tempo era
trascorso. Tutto era ormai finito. Juan Martín non l'aveva piú cercato. Neppure quando Ernesto era scomparso.
Neppure quando era morto. Cosa vuol dire perdere un
fratello? Cosa aveva significato perdere di vista il volo
del rapace gentile? Perché Juan Martín non era rimasto
con lui a L'Avana? Perché non aveva trovato la forza di
vedere la sua salma? Quasi una vita spesa in attesa del
coraggio di affrontare ciò che era accaduto.

Poi, a quarantasette anni dall'uccisione di Ernesto, Juan Martín decise che era arrivato il momento di visitare il luogo in cui il fratello, che lui aveva pensato fosse immortale, era stato catturato. Il luogo in cui aveva trovato termine la febbrile vita di Ernesto. L'ammirazione, l'ombra e il senso di colpa. Il viaggio in auto, lungo piú di venticinquemila chilometri, da Buenos Aires a La Higuera. Fino a quel villaggio mesto e pieno di cianfrusaglie prodotte per perpetuare, in maniera scaltra, merceologica e feticistica, la memoria del «Che». Ma la parte piú difficile fu quando si incamminò per la gola dove venne catturato suo fratello. Non era affatto boscosa e ricca di vegetazione come se l'aspettava. D'altronde, era arrivato quando tutto ormai aveva cambiato faccia, quando nessuno poteva essere piú salvato. Eppure, scendeva lungo quella valle per avvicinarsi di nuovo a lui.

C'è modo di accettare la perdita di un fratello? Polluce non si rassegnò mai alla morte di Castore, tanto che, pur di riabbracciarlo, chiese aiuto a Zeus, al quale offrí la propria immortalità. Non poteva sapere come avrebbe reagito il re degli dèi di fronte alla sua proposta. Ma Juan Martín, mentre scendeva la gola, non aveva alcuno Zeus a cui rivolgersi. Non aveva alcuna immortalità a cui rinunciare per avere indietro Ernesto.

La discesa non fu semplice, ma alla fine Juan Martín raggiunse il luogo esatto in cui il fratello era caduto in trappola. Da quello che aveva letto, Ernesto era stato ferito alla coscia sinistra e all'avambraccio destro. La fragilità. Il senso dell'abbandono. La stele scolpita nella pietra. Juan Martín si accasciò per l'emozione vicino alla lapide commemorativa. Lo immaginò sotto attacco.

Da solo. Nel pensiero, Juan Martín si spinse a credere che avrebbe potuto salvarlo, se solo fosse stato con
Ernesto. Se solo avesse avuto il coraggio di dire di no
al padre e fosse rimasto con lui quando, quindicenne,
era arrivato a Cuba. Avrebbe dovuto seguirlo ovunque.
Non era quello il compito di un fratello? Avrebbe dovuto seguire i suoi passi fino in Congo e in Colombia.
Fino alla solitudine della Quebrada del Churo, fino a
quella scarpata spoglia, fino alla trappola. Se fosse stato al fianco di Ernesto, forse sarebbe riuscito a fuggire
anche lui, come avevano fatto altri cinque guerriglieri.
Venduto o meno che fosse stato da una spia, dagli Stati
Uniti, o da chissà chi, forse Juan Martín, lo specchio,
l'altra parte di sé, avrebbe potuto proteggerlo.

Quando Polluce propose a Zeus quello scambio e gli
fece sapere di essere pronto a rinunciare alla propria immortalità, ai due fratelli fu concesso di abitare un giorno sull'Olimpo e un giorno nella tomba a Terapne, a
Sparta, nella loro terra. Un giorno entrambi immortali
e quello successivo entrambi mortali. A lungo nella sua
mente, forse senza esserne davvero consapevole, Juan
Martín doveva aver pensato a Ernesto come a un dio
immortale, come a un Polluce che non poteva perdere
la vita, e a se stesso come a Castore, il fratello mortale. Poi aveva scoperto che anche Ernesto era mortale,
e che loro due non erano Castore e Polluce. Nessuno
dei due aveva potuto barattare con Zeus, o chi per lui,
l'immortalità che non avevano.

A L'Avana, dove insieme alla madre, al padre e Celia
aveva trascorso quei giorni felici e struggenti subito dopo la rivolta vittoriosa di Fidel e Che Guevara, a Juan

Martín era capitato, per la sua somma gioia, di rimanere da solo col fratello. Ernesto era molto piú robusto di lui, piú forte. Ma quando si guardavano, in quei giorni, si scioglievano entrambi in un sorriso puro, frenetico. Ernesto aveva voglia di tirare un po' di boxe con Juan Martín. Cos'era? Una sfida? Una presa in giro? Accade cosí con i fratelli maggiori. Accade cosí con i fratelli che hanno compiuto un balzo lunghissimo, che hanno scalato la parete piú rapidamente degli altri; con i fratelli che, pur senza volerlo, si prendono tutto lo spazio, tutto il volume, tutte le voci che la famiglia riesce ad ascoltare con attenzione. Accade cosí con i fratelli che sembrano circondati da un'aura di energia. Allora Ernesto era ancora un dio immortale. E come un dio, era imprevedibile. Non è anche per questo che i fratelli maggiori sono affascinanti? Per la loro imprevedibilità e voglia di spiazzare? Per la loro irruente sete di vita? Per il desiderio di portarci in un istante là dove non pensavamo di arrivare?

Tirare di boxe. Juan Martín aveva visto Ernesto sfilarsi la fasciatura che gli teneva ferma la spalla lussata. L'ammirazione, l'incanto, il fascino. Quel cono di luce in cui tutto può accadere. L'istante in cui ci porta il fratello maggiore è un istante che non possiamo prevedere. Cosí Juan Martín non si era accorto del colpo che era partito e del pugno che lo aveva raggiunto. Cosa era stato? Uno scherzo? La voglia di giocare? L'irrequietezza di Ernesto? La rabbia sconosciuta? La voglia che ha qualcuno piú grande di noi a cui sfugge il controllo della propria forza? Juan Martín, con i suoi quindici anni, non poteva trovare alcuna risposta, di certo però avrebbe preferito che fosse uno scherzo. Ma era stato davvero cosí? Era stato solo quello? Si tratta solo di uno scherzo quando un fratello maggiore, per una qualche ragione, colpisce il fratello minore, che ai suoi occhi appare come il riflesso di sé, la versione perfettibile dell'individuo che non ha saputo diventare? Oppure è un modo di metterlo in guardia, di fargli capire che il colpo, la ferita, può essere inflitta da chiunque? Juan Martín aveva provato a reagire. Lo aveva colpito all'avambraccio possente del guerrigliero con pugni da ragazzino. Ernesto lo aveva lasciato sfogare, poi si era piegato in due. Juan Martín lo aveva visto cadere. Il riflesso di sé, il fratello, il fascino e l'incanto. Si era avvicinato a lui, rapidamente, si era avvicinato al dio immortale, a Polluce, con l'intenzione di soccorrerlo, di prestare le cure a quel fratello cosí irraggiungibile e vicinissimo. Era stato allora che Ernesto lo aveva colpito di nuovo, con violenza, facendolo scivolare all'indietro. Un altro colpo. Senza che lui se lo aspettasse.

Juan Martín entrò nella scuola dove El Che aveva trascorso l'ultima notte. I muri ricoperti di fotografie e manifesti che ricostruivano le ultime ore di suo fratello. La sedia su cui sedeva Ernesto, quando Mario Terán Salazar era entrato per ucciderlo. Mentre Juan Martín girava in quelle stanze, si rese conto che non sarebbe mai piú tornato lí. Perché lí non avrebbe trovato Ernesto. Ma allora dove poteva cercarlo? L'altra parte di sé, il fratello, quello che siamo. Lo specchio di noi stessi. L'ammirazione, la gelosia. L'incanto e la rabbia, il senso di colpa.

Carlos "Calica" Ferrer, il compagno di viaggio di Ernesto Guevara, il ragazzo che aveva giocato con il piccolo Juan Martín al tempo in cui Ernesto lo chiamava ancora Patatín, nel 1990 tornò a Cuba. Anche lui per

placare l'irrequietezza che ci invade quando viene a
mancare qualcuno che abbiamo pensato sempre al nostro
fianco. Un giorno Calica riuscí a organizzare un pranzo
con Juan Martín. Andarono a *La Bodeguita del Medio*,
il locale da cui era passato, tra gli altri, anche Ernest
Hemingway. Calica era felice di condividere un pasto
con Juan Martín. La stessa cosa che cercava di fare Ernesto tutte le volte che poteva. Condividere il pasto con
i suoi familiari. Con chi amava. La stessa cosa che cercava di fare sempre anche Juan Martín, pur di passare
qualche ora in piú con suo fratello. Per quell'eccitazione incredibile che ci dà lo stare insieme a chi amiamo,
a chi ci sorprende, a chi sappiamo non ci tradirà, a chi
ci donerà qualcosa di incredibile. Il riflesso di sé. Un'il-
luminazione. Un incanto.

Juan Martín e Carlos stavano mangiando. Parlavano,
discutevano. I ricordi di quando erano piccoli. La rivoluzione, la politica, l'Argentina, la dittatura di Videla, gli
anni in carcere di Juan Martín. Tutti quei fratelli orfani
di fratelli. Tutti i desaparecidos e i loro fratelli rimasti
che, rifiutandosi di darsi per vinti, avevano continuato a cercarli a distanza di venti, trenta, quarant'anni.
Poi uno di quei gruppi musicali che girano per i tavoli suonando il proprio repertorio di pezzi tradizionali
intonò una canzone che interruppe i loro discorsi, fa-
cendoli rimanere in silenzio ad ascoltare. Non sappiamo mai se quei musicisti amatoriali ci daranno fastidio
per l'impertinenza con cui si avvicinano o se invece ci
sorprenderanno per la disperazione e la verità della voce, grazie a una nota, a una parola. A un certo punto,
quel gruppo cominciò a cantare: *Aquí se queda la clara.*
Ora è tutto chiaro. *La entrañable transparencia.* La inesorabile trasparenza. *De tu querida presencia.* Della tua

cara presenza. Comandante Che Guevara. Fu in quel momento che "Calica" Ferrer rimase a guardare Juan Martín, e mentre lo guardava, seduto al tavolo, Calica non poté non pensare che Juan Martín fosse in realtà Ernesto. L'altra parte di sé, il fratello, quello che siamo. Lo specchio di noi stessi.

L'insistenza dei glicini

Era partito alle tre del mattino da Parigi. Erano gli ultimi giorni di marzo del 1959. Albert Camus aveva preso un aereo appena possibile. Gli avevano detto della malattia, dell'operazione. Alle sette era atterrato all'aeroporto di Dar El Beïda. All'epoca delle colonie francesi, quel suburbio a sud della capitale si chiamava Maison Blanche. La Casa Bianca. C'erano almeno venti chilometri da percorrere prima di arrivare ad Algeri. Il tempo e i pensieri che si insediavano nella mente, la forma della preoccupazione che assomiglia a qualcosa di insistente, remoto, incessante, che anche quando non ci pensi, non ti lascia e ti assilla con il suo rumore, ti stringe con la sua morsa una qualche parte del corpo.

Il tempo di arrivare alla clinica sulle alture della città, di sentire l'odore dei glicini lungo la strada. Quello spazio e quel frangente in cui le cose non sono definite perché non se ne ha una visione diretta, anche se sono già accadute. Quella strana sensazione di non sapere ancora, e quasi di non voler sapere. Il tempo che precede qualcosa. C'erano stati i minuti, i pensieri, il cielo grigio prima di arrivare in una stanza spoglia, priva di ogni orpello. Aveva trovato le tende socchiuse affinché non entrasse neppure un fragile lucore di quel giorno così differente dal solito, intorbidito, stanco, languido. Dove erano finite le brezze di luce che ritrovava ogni volta ad Algeri, e di cui si abbeverava? Lei aveva chiesto di socchiudere le tende, perché preferiva rimanere nella penombra. Cosí piano si assopisce, si stanca, la vita di sé. Cosí la luce, da fonte inebriante con cui ci si disseta, diventa beffardo fastidio, rumore da fuggire, richiamo che apre ferite. Tutta quella vita. Tutta quella meraviglia. Sulle lenzuola, Albert notò soltanto le mani nodose di Catherine. Da come si erano deformate, riusciva a sentire il dolore che provocavano ogni giorno. Le mani di sua madre.

Negli anni trascorsi, in quegl'anni che sembravano passati per separarli, l'una si era aggrappata ad Algeri, ai vicoli, alla casa di sempre, alla miseria, agli angoli bui, alle grida degli arabi, al mercato e a quella vedovanza cosí prematura e crudele; l'altro a Parigi e ai suoi giri per il mondo. In tutti quegli anni, lui si era sempre ritrovato nella testa un pensiero rivolto a lei, un assillo, una preoccupazione da cui non riusciva a liberarsi mai, neppure per un istante, e quando se ne liberava, era solo perché vi aveva frapposto qualcosa di fragoroso e vitale, di pressante e necessario. Il pensiero costante, in quegli anni adulti, che lo riportava sempre alla madre in quel modo cosí diverso, cosí incomparabile a come pensava a lei quando era bambino. Restava una specie di mistero, chiuso dentro quella insistenza. Il pensiero rivolto a Catherine, come se la terra a cui sentiva di appartenere non fosse né l'Algeria in cui era cresciuto inebriato, né la Francia in cui si era affermato nelle vesti di letterato e intellettuale, né Parigi dove dove erano nati i suoi gemelli Jean e Catherine, la città-universo dove aveva scritto le parole che lo avevano reso uno tra gli autori piú ammirati e ascoltati e controversi; come se la terra a cui sentiva di appartenere, in ogni caso, non potesse essere una città reale, un luogo concreto, ma una persona: sua madre.

I ricordi non erano semplici frammenti di vita che ritornavano, ma ferite che si riaprivano, interrogativi che venivano posti ancora e ancora, come se la vita adulta non potesse fare a meno di affrontare senza sosta quel che c'era stato tra loro, tra la madre e il figlio. A pensarci bene, forse, solo le sue mani erano diverse.

Già allora, quando lui, bambino, rientrava inebriato da quella luce africana, la trovava di spalle seduta su una sedia. Quasi al buio, con le tende tirate giú. Aveva terminato il suo lavoro da domestica, era tornata a casa e si era lasciata cadere su una sedia. Una forma di vita indecifrabile. Eppure era capace di sprigionare un'infinita onda di amore. Lei appariva al ragazzino, al bambino eccitato dalla furia dei giochi, dal contatto fisico con il sole e la terra, come una presenza minerale. Non si alzava ad abbracciarlo, non mostrava lo slancio irruente e possessivo. Non erano gesti che le appartenevano, perché nessuno glieli aveva mai offerti. E a lui non restava che fermarsi, diventare come lei. Rimaneva fermo, in quell'antro ammutolito, senza riuscire a capire la natura di quel silenzio. Non sapeva ancora che la madre era sorda, non conosceva la diversità, non poteva intuire cosa significasse essere analfabeti, e allora si fermava spaurito a pochi passi da lei. La madre e il figlio.

Mentre andava verso l'ospedale, ricordava quegli istanti di immobilità e silenzio. La morte prematura del marito. Del padre. La madre e il figlio. Quelle due figure cosí fragili, cosí spaesate nel buio della casa. Neppure il pianto. Forse la pietà, forse l'amore.

In quegli anni, Albert aveva cercato in ogni modo di convincerla a lasciare Algeri. Non aveva fatto altro. Voleva farle capire che era necessario andare via da quella città ormai cosí diversa da prima, martoriata dalle rivolte che travolgevano ogni cosa. La ribellione degli algerini contro i coloni francesi. Le battaglie per la libertà dopo che tanta violenza era stata scatenata da parte di chi aveva invaso e sfruttato. Le uccisioni nelle strade. Anche a Parigi il tarlo lo assillava. Nel mezzo delle analisi politiche su quelle rivolte, nel mezzo dei pensieri su quelle ingiustizie subite e sul tentativo disperato di libertà degli algerini, c'era la preoccupazione per lei. Lei che di Parigi non voleva saperne. Per Albert, sua madre a Parigi era un miraggio. Un ricordo, un desiderio o un sogno.

La volta che era andata a trovarlo, era rimasta affacciata alla finestra dell'appartamento nel VI arrondissement che lui aveva acquistato cinque anni prima. Era la prima volta che Albert non viveva in affitto. La finestra dava su Rue Madame, la strada tra il quartiere dell'Odéon e Notre-Dame-des-Champs. Albert era rimasto in disparte, poco piú indietro, fermo a osservarla, come fanno i figli quando i genitori, varcata una certa soglia, smettono di proteggere e cominciano a essere protetti. Ancora una volta. Anche dopo tutti quegli anni. Senza sapere perché. Anche quel giorno non ci fu altro. Il silenzio tra loro. La distanza. La paura. Il timore. L'amore. Quali parole poteva trovare? Aveva senso pronunciare uno degli innumerevoli termini che gli avevano permesso di diventare un uomo di scrittura? O invece tutto quel cumulo di vocaboli non serviva a niente, perché a legarli davvero era un sentimento che andava molto oltre, che rimaneva custodito in ciò che veniva ancora una volta taciuto?

Quel silenzio che sempre era intercorso tra loro finiva per assumere un significato piú preciso di tutto quello che aveva cercato di raccontare potendo ricorrere a ogni termine e parola. Nella casa di Parigi, anche se era adulto, anche se erano distanti da Algeri e dai giorni dell'infanzia, aveva osservato ancora una volta da vicino quella figura fragile e minuta affacciata alla finestra. Un ricordo, un desiderio o un sogno. Poi la madre gli aveva spiegato che lí era bello, ma le mancavano gli arabi. E cosí era tornata ad Algeri.

Ogni volta che percorreva la strada verso la stanza della clinica, durante il viaggio improvviso e veloce, non poteva immaginare che sarebbe toccato a lui andarsene per primo. Non poteva immaginare, seppur consapevole dell'assurdità degli istanti della vita, la corsa in auto con l'editore Gallimard. Ogni volta che andava a trovare sua madre non poteva sapere che il 4 gennaio del 1960 sarebbe toccato a lui di andare incontro al destino, di vedere infrangersi tutto contro il tronco di un platano. E pensare che quel giorno maledetto avrebbe voluto tornare a Parigi in treno, aveva già il biglietto in tasca. Non poteva immaginare, anche se era uno scrittore, e immaginare era il suo lavoro, che avrebbe avuto a disposizione meno giorni di sua madre.

Ricordava la foto scattata una decina di anni prima, nel 1950, a Panelier, dove il dottore e amico Stanislas Cviklinski gli aveva consigliato di trascorrere gli inverni. L'aria buona di montagna, il mondo che diventava natura, anche se diversa, piú controllata e ordinata di quella di Algeri. Nel massiccio del Plateau Vivarais-

Lignon. Ricordava la foto di loro due vicini. Albert che
guardava a terra, la sigaretta tra le labbra, la camicia a
maniche lunghe ripiegate e la madre al suo fianco, seduta su una sdraio in tela a righe, che poggiava il capo sul
braccio sinistro e guardava altrove. Le gambe incrocia-
te. Indossava uno di quegli abiti che portavano le donne
nel dopoguerra, con motivi floreali semplici e senza vita
stretta. Anche in quel momento, mentre scattavano la
foto, stava pensando ad Algeri? Anche in presenza dei
nipoti Jean e Catherine? Ancora una volta chiusa nel
silenzio, nelle paure, nei timori, mentre gli alberi, i rami, le foglie, lasciavano che il vento li attraversasse e li
liberasse di ogni peso.

Ci voleva qualche giorno prima che si riprendesse
dall'operazione. E poi cosa sarebbe successo? Le immagini di sua madre. Il volto giovanissimo, le foto, i
ricordi. E quel sortilegio che gli faceva ricordare solo l'ultima immagine, quella stravolta dalla sofferenza
e dalla fatica. Eppure anche in quella rimaneva, come
un nucleo, la traccia di ciò che era stata. Agli occhi di
Albert che si teneva stretto a quel legame, che aveva
osservato quei lineamenti quando la vita sembrava promettere regali impensabili e il tempo non aveva ancora
cominciato la sua corsa, anche da quel volto mutato e
trasformato affioravano, di tanto in tanto, i frammenti
del volto di allora.

Le labbra della madre erano quasi scomparse, ma
il naso sottile e dritto, la fronte spaziosa, in cui lui ritrovava un'infinita nobiltà, gli occhi neri e brillanti
nell'arcata ossuta e levigata erano gli stessi di sempre.
Gli stessi che si possono osservare in una delle pochis-
sime immagini rese pubbliche, in cui si vede Catheri-

ne, già avanti con l'età, ammirare una foto del figlio. I due sembrano guardarsi, trattenuti entrambi in quello spazio spietato e dolcissimo della memoria che sono le immagini. Ancora in silenzio. Eppure rivolti l'uno verso l'altra. La foto nella foto. Tutto quello che avrebbero potuto dirsi e non si erano mai detti. Sulla soglia di un ricordo, di un desiderio o di un sogno. Tutte le parole pensate e mai pronunciate. Il timore, la paura, la compassione, l'amore.

Allora Albert usciva dalla clinica e osservava Algeri nella sua pienezza. Lasciava che il vento trasportasse ogni cosa. Sentiva il profumo dei glicini. Lungo le strade, al limitare del giorno, al confine di ciò che stava per accadere, mentre l'aria fremeva di vita. I glicini con il loro ardore fragile, profumatissimi, lo raggiungevano da un tempo remoto. Da quei giorni dell'intoccata giovinezza. Fragili, impalpabili e cosí presenti. Ogni volta che tornava ad Algeri, sentiva quel profumo. Era assurdo pensare che quei fiori, nella sua vita, fossero piú vivi e presenti di molte persone. Eppure era cosí. Li sentiva chiari, netti: l'insistenza dei glicini. L'afrore dirompente, la ricchezza dei grappoli e il mistero che si trascinavano dietro. L'effluvio in grado di riaprire le porte che si chiudevano ogni volta che partiva, il profumo che dischiudeva le finestre della giovinezza e lo alleggeriva dai pesi, dai pensieri, dalle preoccupazioni. I glicini. Niente e nessuno era stato tanto presente nella sua vita. Nessuno, tranne lei. Lei che, quasi come un fiore, un fiore cupo e ripiegato su di sé, aveva sempre vissuto nel silenzio. Lei che di parole non ne diceva molte. Neppure a lui, che era suo figlio. Lui che nelle parole aveva cercato e trovato un rifugio quotidiano. Lei non gli aveva parlato quasi mai, se non attraverso il silenzio, l'unico modo che aveva di comunicare. Dove si annidava, allora, il filo che li teneva indissolubilmente intrecciati? Come aveva fatto a legarsi cosí forte, nonostante quel silenzio? Sentiva la libertà, quella specie di pienezza della vita che aveva sempre inseguito. Cosa poteva fare per aiutare sua madre? Come può un figlio compensare quell'energia infinita che gli è stata offerta senza alcuna richiesta, senza alcuna consapevolezza, al momento del parto? Come può un figlio, con il respiro dei propri battiti, capire e comprendere, per poi restituirlo, quel miracolo di vita che una madre ha custodito a lungo nel ventre? Come può ripagare tutto quello che di vertiginoso e inspiegabile ha ricevuto in dono?

In uno dei momenti piú tristi, o forse piú follemente felici, Albert, qualche giorno prima di sapere della malattia della madre, aveva scritto in uno dei suoi taccuini che se si amasse davvero qualcuno fino in fondo, completamente, si riuscirebbe a impedirgli di morire. Era stato un momento. Un ricordo, un desiderio o un sogno. Un cedimento. La notte successiva al ricovero di Catherine non fu una notte serena. Ma al mattino giunse una parziale ricompensa. La collina era coperta di acanti. Le foglie larghe, i fiori bianchi e rosati. Ovunque le canne, i cipressi, i pini, le palme. Vide gli aranci, i nespoli e ancora i glicini. I glicini che erano tutta la sua giovinezza.

Uno dei suoi progetti, al quale tornava piú spesso, era quello di raccontare in un libro ciò che era accaduto. Voleva catturare il legame che lo teneva incollato alla madre. Lui che era diventato un uomo dal denso eloquio, lui che a ogni parola che scriveva, in qualche modo e senza volerlo, si allontanava da lei, che non poteva leggerlo,

che non sapeva scrivere neppure il proprio nome. Lui
che era un grande scrittore, un uomo di parole, rimaneva intriso del silenzio di lei. Indissolubilmente. Quale
che fosse il libro che avrebbe scritto, quali le parole che
avrebbe pronunciato, non avrebbe mai intaccato, mutato, migliorato o sfiorato quel legame. Un legame arcaico,
assoluto, immutabile nel tempo, che li rendeva entrambi
nudi, privi di ogni orpello. La madre e il figlio. Non la
vedova e lo scrittore. Non la sorda e l'intellettuale. Solo
loro. La madre e il figlio. Come in uno spazio assoluto.
Come in una terra priva di ogni altra cosa.

   Aveva immaginato di raccontare in un libro quegli
attimi in cui si accorse di vergognarsi della povertà della sua famiglia. Della povertà di cui non si era mai reso
conto e che pensava appartenesse a tutti, come l'aria.
Invece al liceo, quando gli avevano imposto il confronto
e gettato addosso le differenze, aveva capito e si era ver-
gognato. Agli occhi degli altri, era soltanto l'appartamento misero in cui viveva, la sedia dove la madre passava
le ore muta. Aveva pensato che fosse giunto il momento di scrivere quel libro, perché non si vergognava piú
di quella vergogna. Perché cominciava a capire. In quel
libro, doveva raccontare di quanto amasse la madre. Di
quanto l'avesse sempre amata. Di quanto quell'amore
fosse caratterizzato dalla disperazione. Doveva scrivere
dell'amore e della disperazione. Delle mani ossute sulle lenzuola. Delle tende chiuse. Di quando, poco dopo,
la madre disse ad Albert che una volta tornata a casa,
in quel silenzio, su quella sedia, con le grida degli arabi
e il profumo dei vicoli, il dottore l'avrebbe aiutata con
dei farmaci a recuperare un po' di forza. L'amore e la
disperazione. Il ritorno a casa, sublime incanto e tormento. Ambito, desiderato, impossibile.

In quale altro modo può amare un figlio, se non disperatamente? È mai possibile restituire l'enormità del gesto della creazione, l'offerta dell'io, di ciò che si è? È mai possibile, per un figlio, ricambiare tutto quello che ha ricevuto nel tempo in cui è stato atteso? La madre e il figlio. La madre ignara di quanto accade, della grandezza dell'evento, come se ogni madre fosse Maria, come se ogni figlio fosse Gesú. Il primo uomo. L'uomo che nasce. Il legame tra la terra e l'inspiegabile. Tra il quotidiano e l'infinito. E la donna che porta fino in fondo quella meraviglia senza esserne consapevole. Senza sapere perché. Ogni madre come Maria. Ogni figlio come Gesú. Anche se non è cosí. Anche se non può essere cosí.

Quando il 17 ottobre del 1957 gli avevano comunicato da Stoccolma che la giuria aveva pensato a lui per il Nobel per la Letteratura, quando gli avevano detto che i giurati svedesi avevano scelto lui, quel francese d'Algeria solitario e solidale, quell'uomo che non aveva ancora quarantaquattro anni, Albert aveva provato una strana sensazione di abbattimento e malinconia. Proprio allora, nel giorno in cui il mondo gli offriva il premio massimo al quale può ambire uno scrittore, in cui tutte le parole che aveva scritto trovavano un riconoscimento, gli era sembrato chiaro che la vera gloria, la vera felicità, le avesse provate molto tempo prima, quando aveva vent'anni. Quando era povero e nudo. Quando c'era l'odore dei glicini e c'era l'amore.

Poco dopo aver ricevuto la notizia della vittoria, aveva telefonato alla madre, ad Algeri. Prima di parlare con chiunque altro, prima ancora di scrivere la lettera di ringraziamento al professore che gli aveva permesso di continuare a studiare. La linea, l'attesa, le poche frasi pronunciate. Il desiderio incessante di aprire la comunicazione. Il desiderio di sentire il suo respiro. Lo stesso battito. Quel filo di voce. Il silenzio tra una parola e l'altra. L'intervallo della nostra vita. Gli istanti in cui aspettiamo che accada qualcosa, che qualcuno a cui teniamo in maniera assoluta pronunci una parola o resti muto poco distante da noi. Nient'altro.

Albert sarebbe rimasto ad Algeri ancora pochi giorni. Come sempre la vita si offre a sprazzi, concedendoci di toccarne piú a fondo il senso solo attraverso qualche lampo. Oppure ci offre l'illusione di poterla capire, senza mai lasciarsi afferrare davvero. Albert e Catherine. Il figlio e la madre. Lei che chiamava «Vichy» ogni acqua minerale e continuava a far precedere il suo nome dal titolo di vedova. Sempre. Anche allora, nei documenti rilasciati dalla clinica. Lei che affrontava le sofferenze fisiche con dolcezza e riusciva a sopportare con pazienza.

Il 29 marzo del 1959 Albert ripartí per Parigi. Nulla era riuscito a risolvere. Nulla era riuscito a rimuovere. In nessun modo era riuscito ad aiutare sua madre. Colmo di riconoscenza e di rabbia, colmo di vergogna. Il libro che pensava di scrivere. Il libro in cui voleva raccontare di lei, di quella volta in cui si era presentata al liceo per la premiazione. Di come non somigliasse in nulla alle madri degli altri alunni. Voleva scrivere del foulard nero alla spagnola che indossava. Del modo in cui lo indossava. Di lui che aveva cercato di dissuaderla, perché si vergognava. E della risposta semplice e inattaccabile di lei: il foulard la riparava dal freddo. Voleva raccontare di quando era ragazzo e si vergognava della vergogna, e della scoperta che non aveva ancora fatto, cioè di come anche i figli dei borghesi possono imbarazzarsi a causa

dell'abbigliamento delle loro madri. Ma lui non lo sapeva. Non lo sapeva ancora. E quel libro voleva dedicarlo
a sua madre, proprio a lei che neppure quel libro sarebbe
stata in grado di leggere. Quel libro che lui non avrebbe avuto il tempo di terminare. Il figlio e la madre. E il
silenzio, a cui ogni cosa finisce per tornare.

Il soffitto dei desideri

Kurt l'aveva veduta, Adele, e non aveva potuto fare finta di non averla vista. Non possiamo mai far finta di non aver veduto chi abbiamo cominciato a desiderare febbrilmente.

Il primo incontro con quella ragazza era avvenuto al *Der Nachtfalter*, «La falena», uno dei tanti locali notturni di Vienna. La città, di sera, riusciva a trovare il modo per distrarsi dai pensieri che di giorno la ingigantivano in una maestosa struttura. A Adele dovette piacere la timidezza di lui, la luce profonda degli occhi e l'irrequietezza che cercava di tenere a bada. Lo slancio ingenuo, la purezza e una specie di disarmante mancanza di sfrontatezza. Kurt non sapeva neppure cosa fosse a colpirlo di piú di quella ballerina. Non sappiamo mai cosa ci conduce in maniera inesorabile verso una persona, qual è l'indizio a cui la nostra curiosità non sa resistere. Non sappiamo mai qual è la lama che apre e richiude con precisione il sanguinante taglio. Forse lo sguardo, i capelli, il modo di tenere le mani. Il modo che aveva di parlargli. L'alternanza di gioia e malinconia. La febbre del corpo, la voce, il fremito delle labbra. O forse, senza che lui ne fosse consapevole, fu la ferita, la macchia, il segno sul volto che la ragazza nascondeva sotto la frangetta sin dalla nascita. In quella ferita, in quella macchia, Kurt non trovava nulla di osceno, di ridicolo, di fastidioso. Tutt'altro. Dovette credere che fosse un segno, qualcosa in cui riconoscersi. È possibile che Kurt abbia pensato tra sé, quando la vide, quel che Romeo aveva detto mentre entrava nell'orto dei Capuleti per incontrare Giulietta: «Irride alle cicatrici chi mai non conobbe ferita».

Cosí accadde anche a Kurt e Adele, al logico inarrivabile e alla danzatrice di un locale notturno, di percepire un vento improvviso tirare fortissimo sulla terrazza della loro solitudine. Kurt Gödel, magrissimo e silenzioso, era arrivato a Vienna da qualche anno. Era uno studente di ventitre anni. Lei ne aveva quasi trenta. Era radiosa, semplice, senza le pose delle ragazze che lui aveva incontrato fino ad allora. Per qualche motivo, quei due, che sembravano cosí diversi e lontani, cominciarono a fare l'uno un passo verso l'altra.

Lui parlava piano, con una pacatezza insolita per la sua età. Capiva a fondo le materie che studiava e i compagni spesso gli chiedevano aiuto. Ritornava sugli argomenti, ragionava, impiegava tempo prezioso per aiutare chi non si raccapezzava nei meandri in cui lui si muoveva con agilità e leggerezza. Al contempo però custodiva dentro di sé una paura che gli era cresciuta sin dall'infanzia e che non era mai riuscito a placare. A poco piú di sei anni, aveva avuto una febbre reumatica. Ne era guarito. Eppure dalla stanza delle preoccupazioni non scacciò mai l'idea che il proprio corpo fosse rimasto incrinato, indebolito, da quanto era accaduto. I pensieri foschi, d'altronde, con il passare degli anni rischiano, se non trovano aria, e nonostante le raccomandazioni di chi ha piú senno di noi, di crescere cosí tanto da impedirci di vedere quel che è piú reale.

Vivevano nella stessa strada. Lei con i genitori al numero 72, lui con il fratello al 67. Nel cuore piú appartato di Vienna, su Lange Gasse, dove gli edifici piú noti e famosi di Kärntner Strasse offrivano le schiene scure e nude. C'erano i forni, il profumo dei panni puliti e il calore del cibo che cuoce. C'era lo strano impasto di odori e suoni che emana la vita quando cerca di scorrere tranquilla, quando ancora l'inatteso non la minaccia con la propria ombra. Nei cortili nascosti crescevano alberi rigogliosi e solitari. Adele era la maggiore di tre sorelle nate dal padre Josef e dalla madre Hildegarde. Come accade solo ai primogeniti, era spettato a lei il compito di aprire la strada alle altre due, di scontrarsi senza requie contro le regole fissate dai genitori: alla fine si era sposata ed era andata via di casa. Ma il suo fu uno di quei matrimoni in cui nulla va per il verso giusto. A volte l'amore, o ciò che si presenta ai nostri occhi come tale, è solo un'opportunità che ci diamo per fuggire da ciò che non sopportiamo. Ma saranno i giorni che si trascorrono insieme, il corpo a corpo quotidiano, a svelare l'inganno.

Per Adele si trattò di una scoperta dolorosa: Xy Nimbursky, il fotografo che aveva sposato e da cui sarebbe fuggita, non aveva tenuto in serbo nulla da donarle. Il desiderio che avevano avuto l'uno dell'altra non seppe crescere, alimentare la cura, il riconoscimento, l'accettazione della diversità. L'incanto si trasformò in delusione, in tradimento. Subentrarono l'indifferenza e la rabbia. La loro unione durò solo un anno, e il ritorno nella casa dei genitori fu per Adele una disfatta che rischiò di trasformarla e privarla della sua luce. Eppure, per una sorta di destino miracoloso, al tempo dell'incontro con Kurt il suo disincanto, dopo quell'unione infelice, era pronto a liquefarsi e a trasformarsi in tentazione e desiderio.

Cominciarono a darsi degli appuntamenti. A provare la vertigine che dà un incontro con chi non conosciamo a fondo, ma a cui sentiamo già di appartenere. Cominciarono a provare l'esaltazione dell'attesa, quella delle prime volte, quando ci ritroviamo ad aspettare ansiosi perché non sappiamo da quale lato della strada l'altra persona sbucherà, e nulla conosciamo del guardaroba dei suoi pensieri e delle sue paure. Quando ancora non abbiamo visto la piega che le sue labbra prenderanno al suono di una parola che non sopporta, né abbiamo scoperto la velocità del suo sorriso, miracoloso come un fiore che risalga lungo il gambo, non appena in punta di piedi avremo trovato il modo di toccare con le dita il soffitto dei suoi desideri.

Si incontrarono prima di rado, poi di frequente. E in quegli incontri ciascuno offriva tutto quello che aveva. Non c'era ragione di risparmiarsi, di trattenersi. Come aveva detto Giulietta a Romeo: «Piú do a te piú ho per me». Qualche volta si vedevano a pranzo nelle osterie all'aperto di Vienna. Lei aveva i capelli tirati indietro, la frangetta sulla fronte. Camminava con la lieve grazia che può avere solo chi sa danzare. Incontro dopo incontro, smisero di essere l'uno per l'altra il passante e la sconosciuta, l'anonima vita di chi non ha ancora rivolto la parola o lo sguardo. E in quel passaggio, la conoscenza reciproca, invece di deluderli, rafforzò la curiosità e la voglia di andare piú a fondo. Iniziarono a immaginare quel che sarebbe venuto dopo, ad avere la tentazione di pronunciare le parole che legano e incantano. Provarono a tenersi vicini nella loro ascesa verso l'età adulta.

Sotto di loro c'era Vienna, pronta a esplodere di una rabbia covata a lungo e che avrebbe trovato sfogo nella luce nera, abbagliante e violenta del nazismo. E c'era il padre di Kurt, un uomo partito dal nulla che era diventato imprenditore di un'azienda tessile. Kurt e il fratello lo ospitavano nell'appartamento di Lange Gasse quando arrivava in città per lavoro. Di Adele non voleva sentir parlare. Con la voce roca, dalla cupa trincea del disincanto, faceva capire al figlio che quel legame non era ammesso in famiglia. Una ballerina, per di piú divorziata. Una donna che aveva sette anni piú di lui. Kurt non lo ascoltò.

Quale che sia il punto in cui ci ha colpito la freccia scoccata da Eros, quale che sia l'istante, da quel momento in poi sembra che non esista nient'altro che il bisogno di appagare quel desiderio, di soddisfare quella brama. E abbiamo l'impressione di non riuscire a trovare nutrimento se non in quel pensiero. Cosí arrivarono novembre e poi dicembre. Un anno che finisce. Un altro anno in cui ci si avventura disarmati. I caffè, le passeggiate per strada, il modo con cui il volto dell'altra si avvicina al proprio per accogliere il fremito della bocca.

Adele, dal canto suo, accettò quel che le aveva chiesto Kurt. Il segreto, il silenzio, pur di mantenere intatta la promessa dell'amore. Lo fece dapprima senza sacrificio. Per la dose di generosità e compassione che ci porta ad accettare quasi ogni richiesta dell'altra persona, quella che abbiamo atteso per molto tempo. Il sacrificio, se compiuto in nome di quell'elusivo sentimento, è una forma di sollievo. Adele non sapeva quanto a lungo avrebbe potuto mantenere la promessa. Non sapeva quanto a lungo sarebbe riuscita a rimanere nel chiuso della segretezza, prima che dentro di lei cominciasse a spuntare l'erba dell'umiliazione.

Quando Eros pregò Psiche di tacere, di non dire a nessuno di quell'allegria, di quel piacere, di quel misterioso nutrimento che ogni notte traevano dai loro incontri; di accontentarsi del mondo notturno che condividevano, e di non domandarsi chi lui fosse, Psiche accettò. E cosí continuò ad attenderlo ogni notte, senza chiedere nulla, senza voler vedere il suo volto. Lasciò che i loro corpi traessero il beneficio maggiore dalla febbre che li spingeva l'una nelle braccia dell'altro. Senza voler uscire dal castello, senza chiedere di vedere nessun altro. Accettò di non condividere con gli altri, neppure con le sorelle, ciò che stava vivendo. Poi però qualcosa irruppe inesorabilmente in quella magica routine, mandando in frantumi l'incanto.

Un sabato, il 23 febbraio del 1929, il padre di Kurt morí improvvisamente. Aveva solo cinquantasei anni. Kurt pensò a tutto quello che aveva vissuto. Gli anni di Brno, le pagelle, la villa vicino alla collina dello Spilberk dove si erano trasferiti quando aveva sette anni, le pagine piene di numeri che aveva riempito a scuola, il giardino dietro casa, la mano tesa a toccare le foglie, il chinarsi sotto i rami per ascoltare il vento. Adele cominciò a desiderare che il tempo della segretezza giungesse a termine. A novembre, però, si trasferirono a Vienna la madre e la zia di Kurt. Il logico, il matematico, per qualche ragione non seppe trovare il coraggio di compiere il gesto che andava compiuto. Lasciò Lange Gasse e l'appartamento di fronte alla casa di Adele per ricostituire l'originario nucleo familiare.

Adele conosceva le accelerazioni e i rallentamenti. I battiti del cuore. Il sangue che scorre. Il tempo che ci avvicina e poi ci allontana. Sapeva che era necessario scegliere, accettare che quel che si desidera prenda una forma ed esca dalla sospensione del possibile. Adele osservava Kurt, e ciò che vedeva era inafferrabile, etereo e sfuggente. Ora la timidezza, la mancata sfrontatezza, le sembravano inconcludenza e paura. La certezza divenne dubbio. Non di rado accade che nell'istante in cui l'unione sembra pronta a saldarsi, si apra inattesa la frattura, e ciascuno si incammini per una via diversa.

Il 26 agosto del 1930, Kurt si recò al *Cafe Restaurant Reichsrat*, dove illustrò per la prima volta ciò che stava scoprendo. Da lí a poco pubblicò e dimostrò i suoi due teoremi di incompletezza. Per merito suo, la matematica non poteva che accettare i propri limiti. Il mondo cominciava ad ascoltare la voce di quell'uomo cosí chiuso in se stesso e cosí lucido, chiaro e perfetto, che, se rimaneva nel recinto della logica, era capace di raggiungere vette del pensiero che altri non avevano neppure sfiorato. Dagli Stati Uniti i migliori istituti chiesero di ospitarlo. La sua intelligenza incuriosiva e apriva porte mai dischiuse prima. Ma di incompleto, fu presto costretto a scoprire, non c'era solo la matematica.

Fu allora che gli mancò la presa e precipitò nel fondo della propria incertezza. Una crisi di nervi, come la chiamavano allora. Passò del tempo al sanatorio Purkersdorf, nei sobborghi occidentali di Vienna. Alle finestre c'erano disegnati degli scacchi bianchi e neri. Quando Kurt si affacciava, non vedeva alcuna abitazione, solo un ampio spazio verde. Il silenzio interrotto dai rumori della notte. La paura del cibo.

Adele andò a trovarlo. Rintracciò la forza per donarsi ancora. Qualcosa che neppure immaginava di saper fare. O di voler fare. Cosí accade quando l'amore ci priva dell'ingombro dell'ego, quando l'amore, impervio e sfuggente, ci invita a mostrare ancora qualcosa che non sapevamo di possedere. Solo lei riusciva ad avere accesso alla combinazione della logica fragile dei comportamenti di Kurt. Solo lei riusciva a farlo mangiare. Il cibo e l'amore. Il nutrimento e la cura dell'altro. Adele si sporgeva sempre di piú. Il vento soffiava ancora. Kurt cominciò a non saper fare a meno di lei. Ed ebbe quasi paura. Non sempre sappiamo accettare che l'altra, o l'altro, si offrano disarmati per tutto quello che sono. Romeo, quando Giulietta gli disse: «Piú ti do e piú ricevo», rimase quasi senza parole. Forse temeva che fosse solo un sogno. Dopo quei giorni, Kurt tornò a chiudersi nel mondo della logica, delle aule universitarie. A mancargli furono ancora la forza e la generosità di uscire dal labirinto della solitudine. La forza di liberare Adele dal recinto della segretezza.

Istigata dalle sorelle, Psiche decise infine di violare l'accordo, di venire meno alla promessa di tacere. Una notte, con l'aiuto di una lampada, illuminò il volto di Eros e si accorse della bellezza di lui. Presa dalla meraviglia, non riuscí a impedire che dalla lampada colasse un rivolo di olio bollente sulla gamba dell'amante. Lui allora si svegliò, e rendendosi conto che Psiche era venuta meno alla sua promessa, per rabbia, tradimento, superbia, per eccesso d'orgoglio o forse solo per fragilità, fuggí via. Psiche, però, nell'attimo in cui Eros spiccò il volo, si afferrò con tutte e due le mani a una sua gamba. La disperazione, il bisogno dell'altro, la fiducia tradita, la consapevolezza dell'irreparabile. Il timore di non cogliere la propria occasione, di lasciarsi sfuggire il sentimento cosí elusivo. La paura di non essere capaci di uscire dal labirinto e stringere la mano dell'altra persona. Psiche rimase aggrappata in quel volo per tutto il tempo che poté, anche quando il compagno, che si era sentito tradito, volò altissimo tra le nuvole. A un certo punto, però, non riuscí piú a tenersi al corpo di lui e stremata abbandonò la presa. Mentre Eros continuò il volo, lei si lasciò cadere.

La storia sembrò ripetersi. A Vienna il 22 giugno del 1936 il docente Moritz Schlick, l'amico, il professore, l'uomo che aveva intuito il genio di Kurt e lo aveva invitato per primo al Circolo di Vienna, venne avvicinato e ucciso a freddo da uno studente a pochi passi dall'università. La miccia della violenza fu innescata in tutta la città. Kurt venne ricoverato, quasi con la forza, al sanatorio di Rekawinkel. Un poco piú distante da Vienna di quanto non fosse Purkersdorf. Non c'erano scacchi disegnati alle finestre. Si trovava nel folto della selva viennese. Durante le notti inquiete dovette sentire come una pressione, una spinta, un tradimento o chissà. Finí che saltò al di là della finestra e cominciò a fuggire. Fu allora che Adele, che lo aveva raggiunto di nuovo, sentí l'istinto di inseguirlo. Cosí, come Psiche che non volendo perdere Eros si strinse con tutta la forza che poteva alla gamba dell'amante in fuga, anche Adele cercò di trattenere Kurt, prima di vederlo fuggire per sempre. Kurt, a differenza di Eros, non proseguí il volo, non lasciò cadere in terra Adele. Si fermò e la tenne vicina.

È a quel punto che arrivò l'abbraccio piú forte e doloroso, piú vero e necessario, piú ineluttabile e definiti-

vo di tutti quelli che c'erano stati nelle notti e nelle se-
re che avevano condiviso. Distanti dai vicoli dei caffè.
Distanti dallo splendore della città. Nella selva. Stretti
l'uno all'altro. Senza parole. Senza il bisogno di dire altro. La strana idea che solo lei potesse frenare la caduta
lungo la montagna della realizzazione condivisa. La strana sensazione che solo lui potesse essere la persona in
grado di darle l'amore. La convinzione che salvandolo,
salvava se stessa. Piú io salvo te, piú io salvo me stessa.

Dopo quella notte, dopo quell'abbraccio, si avvicina-
rono ancora di piú. La cura dei gesti. I due corpi vicini.
Stretti come in un quadro di Egon Schiele. Nudi. Le
nocche delle dita. Le mani grandi. Il sesso di lei vicino
a quello di lui. Il calore, l'umida sensazione della vita.
Il tempo. Ancora giovanissimi, eppure come se avessero
vissuto un intero millennio di vite. Come se avessero già
attraversato tutto quello che l'universo può concedere a
due persone che viaggiano nel tempo. Solo a partire dal
gesto con cui ciascuno accetta la fragilità dell'altro, con
cui ciascuno comincia a prendersi cura dell'altro, solo
da quel momento, da quel preciso istante, si comincia
a salire ai piani piú alti del complesso edificio del sentimento elusivo. Solo in ragione di quel gesto, di quella condivisione, l'amore non si esaurisce nel desiderio,
prende altre forme, si ingigantisce, diventa eterno.

La macchia di Kurt, le ferite di Adele, quel che avevano in comune e che decisero di svelare l'uno all'altra, la fragilità e l'incanto, evitarono per loro il destino
della separazione a cui invece vennero costretti Romeo
e Giulietta. La madre di Kurt lasciò Vienna nel 1937.
L'11 novembre dello stesso anno Kurt trovò infine tutto
il coraggio. Andarono a vivere a Grinzing, nel quartiere
collinare, al numero 41 di Himmelstrasse. Kurt e Ade-

le. Nello stesso appartamento, nelle stesse stanze. Piú
io salvo te, piú io salvo me stesso. Piú io salvo te, piú
io salvo me stessa. Anche Eros trovò la forza, o il coraggio, di tornare da Psiche. La salvò dalla separazione
a cui l'aveva costretta e la condusse al banchetto della
celebrazione della loro unione.

Kurt e Adele si sposarono il 20 settembre del 1938.
Lo fecero con un rito civile. Il patto di segretezza venne rotto per sempre. Quella mattina c'erano anche il
fratello Rudolf e la madre Marianne. Quella mattina
c'erano anche i genitori di Adele, Josef e Hildegarde.
Quella mattina tutti li videro, in punta di piedi, mentre toccavano con le dita il soffitto dei desideri l'uno
dell'altra. Quando Vienna si incendiò per l'odio nazista, Kurt e Adele presero insieme la via della fuga in un
viaggio disperato, folle e liberatorio. Sarebbero appro-
dati negli Stati Uniti. Sarebbero rimasti insieme per altri quarant'anni. La macchia. La ferita che sanguina. Il
sogno che cresce. La vita tra le mani.

Il veleno e il miele

Era stato il modo di cantare della donna a fargli balenare in mente quell'idea. Si erano seduti, José e sua moglie, a un tavolino. Era una sera d'estate. La luce del sole era sparita in un rossore che aveva ricoperto quasi tutto il cielo. Il locale in cui erano entrati si chiamava *Monte Cara*, come la vetta di Mindelo, il monte dell'isola di São Vicente di Capo Verde. Si trovava in Rua do Sol ao Rato, una di quelle viuzze strette che da Largo do Rato si inerpicano verso l'alto, tra i balconi pieni di panni stesi ad asciugare e gli anziani che cercano il passo giusto per arrivare fino a casa. Si stava riempiendo un poco alla volta, forse proprio perché si esibiva quella cantante. La luce nelle sale era gialla, bluastra e rossa. José e sua moglie erano in vacanza per qualche giorno. Lisbona era da un po' che circolava nei loro desideri.

Erano passati poco piú di dieci anni da quando era caduta la dittatura di Salazar. Le porticine strette, l'eco dei passi, le ante delle finestre nella loro verde solitudine. Non avevano scelto quel locale a caso. Volevano sentire un po' di musica di Capo Verde, qualche canzone proveniente da quell'arcipelago di isole da dove arrivava José. Erano stanchi, avevano camminato tutto il giorno, e presto sarebbero tornati a Parigi e alla loro vita di sempre. Il lavoro come impiegato nella compagnia ferroviaria di Stato. La ripetizione dei compiti che gli venivano richiesti. Il rispetto della fatica da parte di chi è comunque grato di poter costruire qualcosa per sé, dopo aver temuto di non riuscire a combinare nulla. Il gruppo musicale amatoriale con cui ricreava qualcosa di originale che gli ricordasse Capo Verde. Ancora poco e sarebbero tornati alla vita di ogni giorno. I riti, il traffico, i bus, le luci di Parigi. La quotidianità ci tende costantemente degli agguati, e per difenderci non ci rimane che cercare senza sosta chi tiene in serbo qualcosa di straordinario per noi, una dote preziosa dalla quale attingere un'energia inattesa. Per liberarci della routine, non possiamo fare altro che trovare chi ancora non abbiamo avuto la fortuna di conoscere.

Ad accompagnare la cantante c'era un solo strumentista con un *cavaquinho*, una piccola chitarra a quattro corde. Sembrava quasi un giocattolo, e invece era uno strumento tradizionale. A Capo Verde erano in molti a saperlo suonare. Piccolo e facile da portarsi dietro. Un po' come il violino per un altro popolo bistrattato. Uno di quegli strumenti che, seppure di minute dimensioni, marcano in maniera decisa la musica che suonano. La donna cantava in *kriolu*, una versione arcaica del creolo capoverdiano, dove il portoghese si mescola con i frammenti dei dialetti parlati dagli schiavi dell'Africa occidentale. Parole semplici che poteva pronunciare la gente semplice, chi non aveva niente, chi mangiava solo una *catchupa* di mais e fagioli e bastava cosí. Le note dello strumento minuto, il timbro caldo della voce della donna. Qualche *coladeira*, ma soprattutto la *morna*. Le canzoni in tonalità minore. Quel misto di malinconia e senso della perdita. Quella strana mescolanza che, come i sapori di un liquore antichissimo e denso, torna a

sorprendere piú e piú volte dopo averla ascoltata, dopo
averla assaporata. Quando terminava un brano, la gente applaudiva. Lei allora sembrava sorpresa e sorrideva soddisfatta, come fanno i bambini al termine di una
recita. Poi, passandosi la mano destra sul collo, continuava a fare di sí con il capo per ringraziare, ma con gli
occhi guardava per terra.

Come poteva José mettere in atto quell'idea che gli era
venuta in mente? La sera sarebbe stata lunga, pensava,
avrebbe trovato un modo. Era convinto di riuscirci. In
fondo, non era considerato da tutti paziente e cocciuto?

José aveva lasciato São Vicente, Mindelo, Capo Verde, quando aveva solo otto giorni. Se ne erano andati
di notte, come clandestini, su una nave. Lui e la madre
che lo teneva con sé. Aveva appena otto giorni e nulla
sapeva delle onde, del vento, del mare, di quel mondo
ostile da cui stavano fuggendo. Fuggiva come fuggivano tutti. Perché lí, in quella terra dove era nato, in cui
sempre avrebbe voluto tornare, non c'era nulla di cui
vivere. Quella fuga notturna li aveva fatti approdare a
Dakar, in Senegal. Poco dopo erano arrivati a Parigi. E
le onde del mare non le aveva mai piú sentite. Non aveva piú visto il Mar Azul di Capo Verde. A Parigi c'erano la rabbia e l'isolamento. E una gioia aspra. Una gioia
che cercava di fiorire nonostante tutto.

Alla fine del concerto, José chiese se poteva conoscere la cantante. Era l'azzardo, il gesto che si pensa di
non riuscire a compiere, il coraggio che all'improvviso
si lascia cavalcare e ci sospinge verso chi non conosciamo, verso chi, abbiamo intuito, possiede una specie di
leva su cui poggiare le aspettative, i sogni, i desideri in

grado di mutare la quotidianità in qualcosa di piú prezioso, di piú personale, di piú vicino a quel che siamo sempre stati.

Lei cosí schiva. Cosí silenziosa. Sembrava sparita. Forse era andata al bar o a cambiarsi d'abito. Eppure José non si diede per vinto e insistette per conoscerla. Aspettava in silenzio con la moglie. I pensieri. I ricordi.

José era tornato a Capo Verde una sola volta a vent'anni, durante una licenza militare. Capo Verde. São Vicente. Mindelo. Non conosceva nessuno. Con un taxi era arrivato fino al confine della baraccopoli, fino all'ennesima *banlieue* della sua vita. A un certo punto, il tassista gli aveva chiesto se era sicuro di voler proseguire. Allora si era fatto portare fino alla casa della nonna, dove aveva trovato ad accoglierlo le foto di lui bambino che tappezzavano le stanze, una festa, l'alcol e il suono della musica. La musica che a Mindelo non mancava mai. Il giorno dopo si era risvegliato come tramortito, come se l'oceano lo avesse scaraventato sulla costa dopo un naufragio. Il rumore delle onde del mare, il graffio del vento. Il Mar Azul. Il blu e il bianco delle case. Quella volta aveva conosciuto un marinaio che lo aveva accompagnato in giro e gli aveva detto che a Mindelo viveva una cantante che aveva una voce in grado di toccare il cuore e scavarci dentro. Si chiamava Cesária Évora. L'uomo gli aveva raccontato che quella donna aveva cantato a lungo, ma poi aveva smesso. Non si sapeva bene il perché. Ognuno aveva una propria versione dei fatti. Ma la vera storia non la conosceva nessuno. C'è mai qualcuno che conosce davvero come sono andate le cose?

Quando lei si sedette al tavolo, José rimase sorpreso da quanto fosse esile. Dalla precisione della sua pettinatura. La immaginò di domenica, durante il rito accurato dei bigodini con cui si arricciava i capelli. Quando lei si sedette al tavolo, le era sembrata meno fragile, meno dolce di quanto fosse stata sul palco. Sembrava cosí decisa. O disincantata. La ricerca del riscatto, di una vita che contenga fino in fondo quel che si è davvero, doveva averla intrapresa anche lei, ma qualcosa era andato storto. Qualcosa si era arenato poco prima di prendere il largo. Forse non aveva trovato dentro di sé l'energia sufficiente. O forse, come accade spesso, non aveva incontrato la persona giusta. Il proprio alter-ego. Il mentore capace di aprirle le strade del mondo.

Se sul palco pareva pronta a tutto, a un viaggio, a una fuga, a un ritorno, seduta al tavolo sembrava un macigno che nessuno avrebbe avuto la forza di spostare. Ogni persona che ci colpisce, prima di conoscerla a fondo, pare contenere dentro di sé ciò che noi abbiamo immaginato, ma poi, quando ci avviciniamo, quando l'altra persona si manifesta appieno, un poco alla volta o repentinamente, scopriamo che eravamo in errore. Vediamo chiara la distanza che separa l'idea che avevamo di lei da ciò che in realtà nasconde dentro di sé. Eppure, anche durante quella scoperta, durante quella specie di svelamento, riusciamo ancora, attraverso uno spiraglio, a cogliere ciò che avevamo intravisto prima di conoscerla a fondo. Resta sempre un punto infinito dentro l'altra persona, un punto che contiene anche quello che noi desideriamo contenga.

Cesária fumava e beveva, e intanto lo guardava in tralice, lo scrutava. José, che dapprima aveva pensato sarebbe toccato a lui quel compito, ora si sentiva sotto osservazione. Lei appariva come un animale antichissimo e lui non era altro che un ragazzo. Era l'estate del 1987.

Cesária avrebbe cantato in quel locale a Lisbona ancora per qualche sera, poi sarebbe tornata a Capo Verde. Di fronte a quella notizia, José cominciò a realizzare che non aveva molto tempo a disposizione, doveva
trovare il modo di convincerla senza tergiversare troppo. Ci sono istanti in cui capiamo che le occasioni che
ci vengono concesse sono cosí effimere e abbacinanti,
che rischiamo di non saperne approfittare, di farcele
sfuggire mentre rimaniamo accecati dalla luce della possibilità. Ci sono istanti in cui capiamo di trovarci davanti a una persona che ci colpisce, ci affascina, e che
proprio per queste sue caratteristiche ci immobilizza,
lasciandoci stupefatti e incapaci di cogliere l'attimo che
fugge. José non voleva perdere la sua occasione, voleva
impedire che Cesária tornasse a Capo Verde per sempre. Sentiva che doveva compiere lo sforzo necessario
affinché a entrambi venisse concessa ancora la possibilità di accedere alla vita piú profonda che avrebbe re-
stituito loro ciò che avevano perso.

Quei concerti erano un bivio. Cesária era arrivata a
Lisbona da un paio d'anni grazie all'invito del proprieta-
rio del locale, Adriano Gonçalves, che tutti chiamavano
Bana, il quale in passato era stato il tuttofare dello zio
di Cesária, Beleza, l'uomo che le aveva insegnato gran
parte delle cose che sapeva. Ora José non poteva fare
altro che ascoltare il racconto di Cesária, che sembrava
un fiume in piena. Bana, anche lui cantante di *morna*, le
aveva organizzato dei concerti in Portogallo, senza però
farle ottenere un gran successo. Erano partiti anche per
un tour nel New Jersey, dove viveva una nutrita comunità di capoverdiani. Aveva cantato e poi erano tornati
indietro senza che nulla di straordinario fosse accaduto.
Le restava solo la musica. Una specie di preghiera. Una

preghiera alla terra. Alle cose della natura. Agli uomini che erano andati via. A quelli che aveva amato e che poi aveva abbandonato. Alla povertà. A chi doveva emigrare per forza. Una preghiera all'abbandono. All'amore. E quando pronunciava quella parola, sorrideva con un misto di imbarazzo e disincanto.

Cesária ripeteva della sua voglia di tornare indietro. Di tornare a Capo Verde. Di tornarsene a casa dai suoi figli. Aveva quarantasei anni. Chi vede São Vincente da lontano può immaginare il tormento che non passa. Il padre di Cesária, Justino, era un bravo musicista, suonava anche lui il *cavaquinho*. Per lei era rimasto un'apparizione, come il profumo che si portava dietro. Era una bambina cosí gracile, cosí piccola. Il padre era venuto a mancare quando lei aveva solo sette anni. Poi c'erano stati gli anni in collegio. Quei giorni chiusa dentro le stanze. I corridoi silenziosi. Le grida degli altri bambini. La domenica cantava in chiesa. Ricordava i pianti. La voglia di fuggire. I bambini che urlavano.

Cesária voleva tornare. L'isola di São Vincente. Mindelo. La terra che non sembrava offrire piú nulla a nessuno, da cui tutti se ne andavano, costretti a inseguire la vita da un'altra parte, dove la vita però, anche se arrivava, appariva come un'illusione, qualcosa che aveva le sembianze della vita, ma non lo era, perché la vita, i profumi, il rumore del mare, rimanevano legati a quell'isola, povera e umiliata, e quei viaggi in realtà non erano capaci di portare altrove, perché una parte di loro, quella piú intima e vera, restava sulla costa a sentire il rumore delle onde.

Cesária aveva cominciato a cantare nei bar a sedici anni. La conoscevano tutti. Se ne andava in giro scalza, come se potesse camminare sempre sulla spiaggia vicino al mare. La voce che con il passare degli anni diventava piú segreta, piú ipnotica. Il fumo. Le sigarette. L'alcol. Con tutti quegli anelli alle dita, sembrava una bambina che sapeva già che dalla vita non c'era molto piú da aspettarsi che qualche perlina da mettersi al collo. La gioia di vivere. Gli uomini che lei sceglieva. L'uomo da cui si lasciava prendere. La vita che le cresceva dentro. Sposarsi era bello, pensava, non sposarsi ancora di piú. La voce. Il canto. Il rumore delle onde. Lei che andava a sedersi davanti ai microfoni delle radio dell'isola. Rádio Barlavento. Rádio Clube do Mindelo. E cantava. Da un bar all'altro. Poi erano arrivate le navi da crociera portoghesi. Lei sempre a piedi nudi. La voce che diventava piú calda e setosa. Cercavano sempre lei. E lei portava su quelle navi la vera anima di quei luoghi, il lamento, il rimpianto, quel che si era perduto.

Poi, cosí come era scomparso il padre, cosí come quell'uomo era diventato un fantasma, avevano smesso di passare anche le navi portoghesi. Niente piú concerti sul ponte, niente piú occhi curiosi che la scrutavano mentre lei cantava come se non esistesse nessuno. L'isola aveva ottenuto l'indipendenza. Era il 1975. Ricordò allora la miseria in casa. La vita che ruotava intorno ai suoi due bambini, Eduardo e Fernanda, che avevano ancora bisogno di lei. Il padre di Eduardo, non l'aveva mai riconosciuto. Quello di Fernanda, era rimasto un caro amico. Cesária ricordò allora di quando aveva smesso di cantare, di come aveva passato quei dieci anni. La casa. Si occupava solo della casa. Qualcuno era arrivato a pensare che fosse morta. A Mindelo si dice che prima devi bere il veleno e solo dopo puoi bere il miele. Per quanto tempo ancora avrebbe dovuto bere il veleno?

Quell'ultimo racconto sembrava chiudere il cerchio.

Allora José le disse ciò che aveva pensato. Non aveva molto tempo. Si scosse dall'incanto della voce. Dalla malia dei silenzi e di quello sguardo. Dalla stanchezza che gli pesava addosso. Le disse che aveva ascoltato tutte le canzoni ed era rimasto stregato. Le parlò dell'idea che gli era venuta in mente proprio quella sera, mentre l'aveva sentita cantare, mentre lo aveva fatto pensare al mare di Capo Verde, al vento, alla luce del sole: l'avrebbe ospitata a Parigi e lei sarebbe diventata famosa. Cesária rimase di sasso. Come una bimba, come un animale antichissimo. Gli occhi che si muovevano appena. Fumava e beveva e lasciava che José parlasse.

Lui che aveva ventotto anni, lui che era dovuto fuggire da Capo Verde quando aveva appena otto giorni, le disse che doveva cantare in tutto il mondo. L'avrebbe ospitata a casa sua. Non sarebbe andata come con Bana e i concerti nel New Jersey. Questa volta ci sarebbe stato un lieto fine. Doveva credergli. La Francia era il luogo ideale da cui partire, perché in quel Paese, se arrivavi dall'Africa, le persone non si spaventavano. Anzi, volevano ascoltare le storie che venivano da luoghi lontani. E allora lei neppure sorrise. Aveva quarantasei anni e sentiva ancora le grida dei bambini nel collegio, vedeva ancora i corridoi lunghi e bui, sentiva ancora la sabbia sotto i piedi davanti al mare. Entrambi avevano bisogno che la vita diventasse qualcosa di piú vero e ampio, di piú intenso e profondo. Tutti abbiamo bisogno, a un certo punto, che la nostra esistenza diventi piú intensa e profonda.

Alla fine dell'anno, Cesária lasciò Capo Verde senza sapere cosa sarebbe accaduto. L'invito di qualcuno, la strana energia che si instaura con uno sconosciuto, la scoperta che ciò che ormai pensavamo servisse solo a noi è invece utile anche agli altri, e per questo diventa piú prezioso di prima; lo scambio, l'incontro casuale, quel che si è vissuto, quel che si è destinati a perdere, e il desiderio di tornare ancora, di avere ancora quel che si è perduto. Cesária se ne andò dall'isola che amava, da quella che era stata tutta la sua vita. E arrivò a Parigi, ospite di quel ragazzo che aveva incontrato una sera d'estate a Lisbona.

José da Silva cominciò a organizzare dei piccoli concerti per la comunità capoverdiana nella capitale francese. La voce di Cesária, tra le pareti di quei locali stretti, risuonava di una densità di seta, e apriva finestre su paesaggi marini, spiagge desolate e deserte. In quegli accordi minori, in quei passaggi di semitono, gli ascoltatori trovavano lenimento. Grazie a quelle canzoni, che parlavano di ciò che non avevano piú; grazie a quelle canzoni interpretate dalla voce di Cesária, per una specie di sortilegio, gli ascoltatori potevano riavere ciò che era stato sottratto loro. Potevano toccarlo di nuovo, seppure solo con le dita del pensiero e del desiderio. Cosí, lontani dal Mar Azul, da quelle spiagge deserte e infinite, ognuno ascoltava la voce di Cesária e provava la stessa emozione di José quella sera d'estate a Lisbona, in quel caffè in cui si erano incontrati per la prima volta.

Per Cesária e José, per la donna e il ragazzo, fu come salire una scala senza sapere dove li avrebbe condotti. Fu come condividere un esperimento di cui nessuno poteva prevedere l'esito. Fu come rispondere a una necessità, in cui nulla sarebbe andato per il verso giusto se fossero venute meno le energie dell'uno e le doti dell'altra. José portò Cesária a cantare anche per la comunità capoverdiana che si trovava in Olanda. Ogni volta, dentro quei

locali, si ripeteva lo stesso incanto. La voce, le finestre
del ricordo e della nostalgia che si aprivano, il mare, il
rumore delle onde, la terra desolata, quel che si era perduto e quel che si poteva di nuovo toccare con le dita
del pensiero. Il giovane che era dovuto partire da Capo
Verde quando aveva otto giorni fondò una casa discografica a cui diede il nome di *Lusafrica*. Poi cominciò a
lavorare al primo disco di Cesária. Il titolo non poteva
che essere *La Diva aux pieds nus*. La diva a piedi nudi.

Il 1° ottobre del 1988, Cesária si esibí a Parigi al
New Morning, lo storico locale jazz al numero 7 di Rue
des Petites Écuries, nel X arrondissement. Era la prima volta che cantava i pezzi del nuovo album dal vivo
nella capitale francese, ma tra il pubblico in sala c'erano ampi spazi vuoti. Il disco vendette appena tremila
copie. A comprarle, furono soprattutto i membri della
comunità capoverdiana. Allora Cesária tornò a Mindelo
a cantare nei bar, per guadagnare il minimo indispensabile con cui mantenere i figli. Anche le premesse migliori
possono ingannarci, e il fiore che sembrava sul punto di
sbocciare può appassire da un momento all'altro, senza
che ci venga concesso di sapere se la colpa è nostra o se
le cause di quel fallimento sono esterne. La possibilità
di vivere una vita piú piena e intensa può anche sfug-
girci, o venirci negata, ma come possiamo spegnere la
passione febbrile che si è accesa dentro di noi? Come
possiamo impedirci di sognare ancora che le cose mu-
tino per il meglio anche grazie a chi abbiamo avuto la
fortuna di incontrare?

Cesária abitava in quei giorni in una casa in rovina
al numero 7 di Rua William Du Bois, vicino al porto.
Le case colorate basse a due piani. Il giallo e l'azzurro.

Gli uomini fermi agli incroci ad aspettare che succedesse qualcosa. Il monte Cara. Tutto sembrava tornato al punto di partenza. Ma José non volle cedere. Non volle credere che l'illusione fosse solo un'illusione. E si convinse che bisognava incidere un altro disco. Capita a volte che qualcuno che abbiamo incontrato per caso veda chiaramente quel che è giusto per noi, abbia più forza, riesca a dare quella spinta ulteriore affinché tutto cominci davvero. Dovette insistere. Passare del tempo a discutere. Lei pensava di testa sua. Non parlava il francese. Non le interessava. Era rimasta la stessa persona di sempre. Voleva rimanere a Capo Verde. Forse lo scacco, la delusione, le bruciavano dentro con troppo dolore. La domenica pomeriggio avrebbe ripreso il rito dei bigodini per arricciarsi i capelli. Ma José era ostinato e cocciuto.

Alla fine riuscí a convincerla. Un altro disco. Lo chiamarono *Distino di Belita*. C'era *Nova Sintra*. L'amore è cosí grande, cantava, la nostalgia ancora di piú. E *Bitina*. C'era l'acustico e c'era l'elettronica. Non fu neppure quello un successo. Ma una casa discografica francese decise di coprodurlo insieme all'etichetta di José da Silva. La voce di Cesária sembrava arrivare da un tempo lontanissimo. Arcaica e moderna, come in quel momento nessun'altra voce riusciva a essere. Eppure nella musica mancava ancora qualcosa. O c'era ancora qualcosa di troppo.

Nell'esperimento che si cerca di condurre insieme, si può solo continuare ad ascoltarsi l'uno con l'altro e cercare, senza smettere mai, di modificare quel poco che si può, anche una piccola parte di sé, anche quel che pensavamo fosse perfetto e invece non lo era. Questa volta José dovette insistere ancora di piú. Passò serate intere cercando di convincerla a partire ancora. Dovette insistere per farle prendere un aereo e lasciare di nuovo Capo Verde. A maggio del 1991, Cesária tornò a Parigi per incidere il terzo disco, completamente acustico, dal titolo *Mar Azul*. La prima canzone, la *morna* che apriva l'album, era proprio la preghiera che Cesária rivolgeva al mare. Quella preghiera in cui chiedeva alle onde di crescere dolcemente e di lasciarla partire, e alla luna piena di farle luce in quel ritorno verso casa, verso São Vicente. All'inizio del disco, come un segno indelebile che avrebbe toccato il cuore di tutti, c'era quella preghiera in cui Cesária si ricordava degli anni che passano, del sole che sorge e della luna che fugge dal cielo. E di lei, che era ancora lontana dalla sua terra.

Il disco uscí a ottobre e balzò subito in cima alle classifiche. Un desiderio covato a lungo, incomprensibile, necessario, stava infine per essere esaudito. Tornarono a suonare al *New Morning*. Questa volta la sala era completamente piena.

Quando un giorno, dopo che tutto era successo, dopo che Cesária Évora era diventata una stella mondiale del canto richiesta in ogni continente; dopo che aveva viaggiato e visitato ogni angolo di mondo; dopo che entrambi erano riusciti ad attingere a una vita piú intensa, vera e profonda, lei e José, che si erano conosciuti una sera d'estate a Lisbona, per un incanto, per un caso, per qualcosa che aveva a che fare con il destino, o per quei giri strani con cui la vita fa in modo che le persone si incontrino e si mettano in testa di realizzare qualcosa insieme affinché chi è stato costretto a fuggire possa di nuovo ritrovarsi; lei e José, la cantante che aveva smesso di cantare e il ragazzo che aveva lasciato la sua terra quando aveva otto giorni di vita, tornarono insieme a

São Vicente, a Mindelo, a Capo Verde. E sulla spiaggia, al cospetto di quel vento e di quelle onde, camminarono sulla sabbia tenendosi per mano. E insieme a loro due, c'erano tutti quelli che erano dovuti partire e che nella voce di Cesária, con le dita del pensiero, erano riusciti a toccare di nuovo quella terra. Su quella spiaggia, a José sembrò infine di essere tornato davvero a Capo Verde. Di essere tornato a São Vicente. A Mindelo. E di sentirsi a casa. E a Cesária dovette sembrare davvero che fosse arrivato il tempo, dopo aver bevuto il veleno, di bere finalmente il miele.

Adenina, timina, guanina e citosina

Al pari di molecole che si avvicinano e si saldano per un'inattesa ricombinazione chimica, per una qualche alchimia segreta, James e Francis avevano finito per dare vita a una sorta di tandem che a ciascuno di loro restituiva una moltiplicata forza, intuizione e curiosità, una mescolanza di saperi e attitudini che altrimenti, presi singolarmente, sciolti da quel legame, non avrebbero mai potuto ottenere. Nessuno dei due sarebbe riuscito a fare da solo quel che riuscirono a fare insieme.

Si erano conosciuti per la prima volta a Cambridge nel 1951, dove Francis viveva già da qualche anno. Un giorno di ottobre sua moglie Odile, rincasando, gli aveva parlato proprio di quel tipo, di James Watson. La donna con cui condivideva la vita, i pensieri e da cui aveva avuto un figlio, gli aveva raccontato di quel ragazzo americano che diceva in giro di essere interessato al lavoro di Francis Crick, e che intendeva conoscerlo al piú presto. Lei, allora, glielo aveva descritto: il viso da uccello, il corpo magrissimo, i capelli rasati come un marine. A Cambridge non si era mai visto uno cosí. Pareva venisse da un altro mondo. Eppure, nonostante James avesse 23 anni e Francis 35, quando poi si incontrarono nei laboratori, alle prese con la ricerca, con quello che cercavano di intuire, si scoprirono capaci di alimentarsi a vicenda. Condividevano, l'uno americano e l'altro inglese, l'ossessione per alcuni interrogativi, oltre che l'amore per un libro di Erwin Schrödinger in cui entrambi avevano trovato aperture di pensiero inattese. Condividevano una giovanile arroganza e una certa spietatezza nei confronti dei loro colleghi. Quando accettarono di mettersi in posa con gli altri ricercatori di fisica al Cavendish Laboratory per la foto di gruppo, i due rimasero vicini sancendo cosí, in una forma quasi casuale, senza esserne consapevoli, l'inizio del loro incredibile legame.

Spesso è proprio una foto a fissare l'istante in cui ci avviciniamo a qualcuno che ci resterà accanto per un tempo che non possiamo prevedere e che definirà significativamente la nostra esistenza. Spesso è proprio uno scatto immortalato da uno sconosciuto a cogliere l'avvio di una relazione particolare e unica. Come ogni relazione non può che essere. Particolare e unica. Uno scatto, una fotografia, un istante in cui nessuno intuisce ancora quel che sta per accadere. Francis era in piedi, in seconda fila. Piú alto, con lo sguardo di chi ha una grande padronanza di sé, i capelli chiari, anche se minacciati da una calvizie incipiente, pareva mordersi le labbra per trattenere una battuta irriverente. Alla sua destra James, con i capelli che aveva deciso di farsi crescere in maniera bizzarra lasciandosi alle spalle il taglio alla marine, non era riuscito a evitare, al momento dello scatto, di tenere gli occhi chiusi e la bocca aperta. A prima vista, si sarebbe detto che componevano una coppia insolita di amici o colleghi; a prima vista, si sarebbe detto che sembravano un uccello stranissimo e una specie di agente segreto. Nessuno avrebbe mai indovinato ciò che sarebbero riusciti a fare.

I due colleghi, i due amici. Tale fu l'intesa che sorse

imprevista tra loro, tale la quantità di tempo che trascorrevano a discutere, che finirono per escludere tutti
gli altri. Passavano cosí tante ore insieme a porsi le domande a cui tenevano di piú, a ragionare intorno alle
ricerche che volevano portare avanti, a parlare del libro di Schrödinger sull'origine della vita, che quando
il responsabile del laboratorio ottenne la disponibilità
di una stanza in piú decise di assegnarla a loro, pur di
sottrarsi allo strazio della loro conversazione infinita.
Avviene cosí quando le amicizie cominciano a intessere
i fili piú stretti: il mondo esterno, gli altri, paiono quasi scomparire, diventando inutili testimonianze di una
realtà a cui si finisce per non prestare piú attenzione.

Non dovette passare molto tempo affinché quella relazione desse i primi frutti sorprendenti. Verso la me-
tà di febbraio del 1953, James Watson si presentò in
laboratorio al mattino presto, quando Francis non era
ancora arrivato. Ormai ci ragionavano sopra da tanto
tempo, partecipavano a conferenze, controllavano i risultati ottenuti dagli altri dipartimenti di ricerca: sembrava arrivato il momento per loro di provarci davvero.
James si era messo a sagomare delle forme da un pezzo
di cartone rigido. Poco prima aveva chiesto all'offici-
na del laboratorio di costruirgli delle basi di latta che
ricalcassero quelle che formano l'ossatura della molecola: adenina, timina, guanina e citosina. Ma ci stavano mettendo troppo, cosí aveva cominciato a tagliare
quelle forme da solo. C'era poco tempo, c'era sempre
poco tempo. Tutti i ricercatori, i grandi scienziati che
si occupavano del Dna, avevano a disposizione le informazioni necessarie per definirne la struttura. Tutti potevano capire quel che avevano già capito lui e Francis.
Eppure non succedeva ancora nulla. Molti pensavano

che il Dna avesse una forma a elica. Ma la struttura
con le basi, quegli elementi essenziali, dove si trovava?
All'interno o all'esterno? Quante eliche dovevano esserci? Due o tre, come riteneva il maestoso e rinomato
Linus Carl Pauling?

James continuò a cercare le combinazioni idonee.
Pensò che le eliche dovessero essere due. Quell'idea veniva confermata dalle misurazioni di densità del Dna.
Però non riusciva ancora a capire come si accoppiasse-
ro le basi azotate. In che modo formavano un legame?
Già, come si riesce a formare un legame? Come si riesce
a tenere stretta una relazione nonostante tutto? Alla fine
Francis e James avevano capito come si legavano insieme
adenina e timina. E come rimanevano unite guanina e
citosina. Sempre le stesse coppie complementari, ma in
sequenze diverse. Sempre tenute insieme da fragili legami idrogeno. Avevano intuito che i due filamenti della
doppia elica scorrevano orientati in direzioni opposte.
La doppia elica, pensarono, quando doveva riprodursi,
moltiplicarsi, passare le informazioni, si apriva in maniera sorprendente simile a una zip, e allora quelle coppie
servivano come se fossero un timbro, un marchio, per la
riproduzione di una nuova elica, di legami che comba-
ciano, che si riproducono, che si tramandano.

Avevano impiegato apparentemente un tempo brevis-
simo per tagliare un traguardo ambito da molti. Tra la
primavera e l'estate del 1953, Francis e James scrissero
quattro articoli sulla funzione e le implicazioni genetiche
della struttura del Dna. Tanto si sentivano uniti, tanto
Watson e Crick, Crick e Watson, erano gli elementi di
un legame inestricabile, due composti che non potevano
essere separati, che tirarono una monetina in aria per
decidere l'ordine con cui i loro nomi sarebbero apparsi.

Quando alla fine ricevettero il premio Nobel, nulla lasciava presagire quel che sarebbe successo. La sera del 10 dicembre del 1962, alla Stockholm Concert Hall, dopo essere rimasti seduti a lungo in prima fila e aver ritirato il premio per quella scoperta di cui per anni forse nessuno, tranne loro due e pochi altri, avrebbe riconosciuto l'enorme importanza, si sottoposero agli scatti dei fotografi. In una foto vennero ritratti insieme a John Steinbeck. Lo scrittore statunitense al centro e loro due ai lati. Tutti e tre in smoking e papillon bianco. Tutti e tre sorridenti. Chi di loro si era avvicinato di piú al mistero dell'uomo? Chi di loro tre era penetrato piú a fondo nella conoscenza dell'essere vivente a cui è capitato di popolare il pianeta Terra? Steinbeck, con la compassione, l'umanità e la narrazione delle parole? O Watson e Crick, attraverso lo scavo nel minuscolo, nella profondità dove si nasconde la molecola complessa che è capace di ricordare, trasmettere e tramandare tutto quello che un uomo e una donna sono? Loro due che erano stati in grado di raccontare l'umanità a partire dalle minute coppie di legami che giacciono al fondo di ogni cosa?

Dopo la grande impresa, Watson e Crick proseguirono separatamente le loro carriere. Quasi a testimonianza di come un'amicizia, una collaborazione di quel tipo, finisca per prosciugare i pozzi piú profondi delle risorse di ciascuno. Quanto piú in fretta un'amicizia raccoglie i suoi frutti, tanto piú rapidamente mette a rischio la sua durata, la sua stessa persistenza. Piú alta e vivace sarà la fiamma, e piú breve sarà il tempo con cui brucerà tutto il falò di energia, affetto e complicità. Eppure, dopo qualche anno James tornò a cercare di nuovo Francis. Come era accaduto agli inizi, quando Watson arrivò a Cambridge per conoscerlo.

Fu di nuovo Watson a invitarlo. Dopo l'iniziale gioia
e il successivo scetticismo che subdolamente lo portava
a diffidare di quella richiesta, visto tutto il tempo che
era trascorso, Francis Crick accettò l'invito. E il giorno dell'appuntamento si ritrovò seduto in un piccolo ristorante di Harvard Square di fronte a James Watson.
Sempre, quando riceviamo la richiesta di un incontro
da parte di una persona che nel passato ci è stata vicina e ora non più, si sovrappone alla gioia ingenua, im-
pulsiva e sincera di rincontrarla un pensiero ulteriore,
una sorta di armonico che diventa presagio e sospetto.
A causa di un raffreddamento dell'animo, all'entusiasmo infantile si sovrappone la sensazione, il timore, la
preoccupazione di finire presto in un guaio da cui non
usciremo facilmente. O di ritrovarci di fronte a una richiesta che non sapremo o non vorremo soddisfare. Seduto al tavolo, mentre sorrideva, Francis non riusciva a
non porsi la domanda che la parte più meditabonda della
sua mente gli rivolgeva: quanto tempo doveva aspettare
prima di scoprire il dedalo in cui James lo avrebbe im-
brigliato? Quanto tempo avrebbe ancora atteso il suo
ex collega prima di confessargli la vera ragione per cui
lo aveva portato fin lí?

Il tavolino, i bicchieri, le posate e la tovaglia. Se ne
stavano seduti uno di fronte all'altro come vecchi amici, come due ex colleghi di lavoro che si rivedono dopo
parecchi anni. Il vociare che arrivava dagli altri tavoli,
il cameriere che faceva avanti e indietro, la gente che
entrava per condividere il pasto, ma anche qualche parola, una confidenza, o magari il primo appuntamento.
Le persone valutavano la posizione dei tavoli, prima di
sedersi. Qualcuno preferiva un angolo della sala, altri
cercavano un posto vicino alle finestre. Quel che accade

in un ristorante mentre si condivide un pasto è sempre qualcosa di insondabile, imprecisato, imprevedibile. Fu in uno di quegli istanti tra l'ordinazione e l'arrivo delle prime portate, quando cominciano a sentirsi gli odori emanati dai cibi sui piatti, che James arrivò al punto. Disse a Francis che stava scrivendo la loro storia, e che il primo capitolo riguardava proprio lui. Tutto il mondo era curioso di sapere di quella loro impresa. Tutto il mondo, disse, doveva sapere come era andata davvero.

Forse a dare fastidio a Francis, piú di ogni altra cosa, fu che dopo tutti quegli anni fosse stato proprio James a decidersi per primo a raccontare ciò che avevano vissuto insieme. Quando qualcuno a cui siamo stati molto legati si mette a raccontare di noi, ruba sempre qualcosa che ci appartiene. Anche se è stato un amico, anche se è stato un collega. Anzi, soprattutto se siamo stati amici e abbiamo condiviso un'esperienza indescrivibile che verrà ricordata per sempre. Francis bevve un sorso d'acqua dal bicchiere prima di parlare. Si era passato il tovagliolo sulle labbra umide per asciugarle. Era inglese, non avrebbe certo fatto una scenata in quel ristorante, davanti a tutti.

Dopo aver mangiato e pagato il conto, si alzarono e uscirono. Attesero un po', poi si salutarono. James leggermente impaziente, Francis silenzioso e cupo. Il 31 marzo del 1966, qualche tempo dopo la cena nel piccolo ristorante in Harvard Square, Francis scrisse a James. Batteva a macchina quasi con freddezza. Cominciò chiedendo che venisse cambiata una serie lunghissima di dettagli del racconto che per il momento aveva ascoltato a voce. Precisò che si concentrava solo su quelli che considerava errori o omissioni, lasciando intendere però che il problema era di ordine piú generale. D'altronde lui, come lo stesso James aveva sempre ammesso, riusciva a capire cosa c'era di piú grande, di piú implicito, in un esperimento, in una raccolta di dati. E cosa sarebbe stato in fondo quel manoscritto, quel resoconto?

Francis aveva provato risentimento e rabbia. Non sapeva neppure lui a cosa fossero dovuti quei sentimenti. A infastidirlo forse era il modo con cui James lo avrebbe descritto agli occhi del mondo. Voleva raccontare di lui, di Francis, come di un uomo che non sapeva cosa fosse la modestia. Che era sempre pronto a sproloquiare, a vantarsi di qualcosa, di una scoperta, di un'intuizione. Che saltava da un'idea all'altra senza riuscire ad afferrarla definitivamente per la coda e schiacciarla in terra. Ne decantava l'intelligenza, e allo stesso tempo sembrava quasi irriderlo, facendo trapelare una certa inconcludenza del suo carattere. Ma perché voleva scrivere quelle cose? Riteneva di omaggiarlo, di darne un profilo corrispondente alla persona che lui era davvero? Pur di vendere delle copie in piú era disposto a tradire la sua fiducia? E gli altri cosa avrebbero pensato delle sue doti di scienziato? Forse non voleva neppure saperlo. C'è sempre una specie di indefinita delusione, sorpresa e disincanto, quando scopriamo il volto che gli altri intravedono in noi. C'è sempre una stupefatta sorpresa, quando qualcuno a cui siamo stati molto legati ci mostra il modo in cui ci ha sempre visti. E in quel momento, sentiamo il terreno mancarci sotto ai piedi.

A un certo punto anche le amicizie piú profonde, anche i legami piú importanti, quelli grazie ai quali si sono ottenuti risultati altrimenti irraggiungibili, vengono sottoposti a una pressione molto forte. Qualcosa di inesorabile che tende a separare le molecole, i composti fondamentali che si saldano in un unico corpo. Arriva sempre il momento in cui i composti chimici di cui sono fatte le relazioni vengono sottoposti a una pressione tale che si rompe l'interazione segreta che li tiene legati, lasciando che le due molecole, le due persone, si trasformino, diventino altro e infine si separino. Un punto in cui i due filamenti complementari, invece di rimanere inesorabilmente uniti, perdono il punto di contatto. James rispose a quella lettera di Francis il 10 maggio del 1966. Si scusava del ritardo. Colpa delle febbre, affermava. Gli disse che apprezzava molto i suoi commenti. Sulla maggior parte di quelli, scriveva, faceva affidamento sul fatto che la sua memoria fosse migliore. Gli assicurò che nel manoscritto avrebbe accolto le sue indicazioni.

Si scrissero, si scambiarono lettere, ma ogni messaggio, invece di rinsaldare la loro relazione, ne minava la tenuta. Sembrava che non ci fosse piú alcuna forma di legame idrogeno capace di tenerli ancora uniti. Forse la fiducia che l'uno non riusciva piú a sentire nell'altro. Il 1° novembre del 1966 Francis si sedette di nuovo alla scrivania. Ormai quel libro era diventato un tormento. Era come se una parte della sua vita gli stesse sfuggendo di mano. Si mise di nuovo a battere a macchina: «Caro James, – cominciò, – capisco che devo essere piú chiaro. Non voglio che venga fuori un resoconto cosí personale della nostra collaborazione». Gli confessò che la considerava un'invasione della sua privacy, e gli assicurava che se avesse portato a termine il libro nel modo in cui glielo aveva descritto, non avrebbe potuto contare sulla sua collaborazione. Verso la fine dello stesso mese, James Watson rispose di nuovo a Francis Crick. Anche James aveva cominciato a usare la macchina da scrivere, rinunciando alla grafia minuta con cui scriveva in stampatello. Scosso dalle reazioni ostili di Francis, gli confessò che era molto turbato dal pensiero che la loro amicizia potesse giungere alla fine per colpa del libro. Tuttavia, non pensava affatto che quel resoconto fosse una pugnalata alle spalle, glielo scrisse chiaramente, tanto piú che aveva accettato di seguire ogni sua indicazione, correggendo tutti i passaggi che non lo convincevano. Ma non poteva rinunciare alla pubblicazione del libro.

Il testo di Watson fu un bestseller di proporzioni uniche per il mondo scientifico. Vendette un innumerevole numero di copie. I due quasi si persero di vista, ciascuno dedito alle proprie ricerche, nel tentativo di superare quel luminoso momento che avevano condiviso insieme; ciascuno intento a perseverare nella propria originalità, cercando il modo meno urticante di invecchiare. I due filamenti complementari che per un tempo bruciante erano rimasti legati inestricabilmente, come accade nella molecola del Dna, allentarono la presa, come se l'idrogeno non potesse piú tenere insieme quel che andava separandosi.

Piú tardi Francis si ritrovò tra le mani una lettera che aveva scritto al figlio Michael il 19 marzo di quell'anno straordinario, quando lui e Watson erano giunti sul picco piú alto della loro immaginazione. «James e io, – aveva scritto al bambino, – abbiamo probabilmente fatto una scoperta molto importante. Abbiamo costruito un modello per la struttura del Dna. La nostra struttura è molto bella». Nella lettera descriveva con semplicità ciò che avevano scoperto. Il legame tra le basi, il meccanismo con cui si copiano le informazioni e si trasmettono. Aveva anche tracciato dei disegni. Gli aveva raccontato del meccanismo di trascrizione e copia attraverso il quale la vita viene dalla vita. C'era una bel-

lezza in queste due coppie di basi azotate che rimanevano legate sempre insieme; c'erano un'eleganza e una
forza che affascinavano. Anche a distanza di cosí tanto
tempo, rimaneva inalterata in lui l'ammirazione per la
persistenza, la capacità di tramandare e perpetuare, di
non perdere la presa. E mentre rileggeva ciò che aveva scritto al figlio, di come adenina e timina, guanina
e citosina non dovessero lasciarsi mai per fare in modo
che il Dna tramandasse tutte le informazioni genetiche
che poteva tramandare, mentre rileggeva la lettera dopo
quello che era accaduto tra lui e Watson, forse dimenticò l'astio e la rabbia che aveva provato per quel libro e
avvertí di nuovo, almeno per un istante, una specie di
incanto per la loro amicizia, per quel legame che li aveva
stretti per un tempo breve e bruciante.

Il fianco scoperto

Mary e Hannah. La loro era una relazione tra due mondi cosí diversi da sembrare un esperimento. D'altronde, cos'altro sono le relazioni, le amicizie, gli amori, se non esperimenti il cui esito rimane oscuro e imprevedibile fino alla fine? Cos'altro sono le relazioni se non tentativi miracolosi in cui spesso ci inoltriamo quasi attratti dalla possibilità del fallimento, e quando quello non arriva, quando invece l'esperimento riesce e il legame si salda, rimaniamo sorpresi, esterrefatti, da ciò che sta accadendo?

Hannah e Mary. L'una ebrea tedesca e l'altra americana. L'una, fuggita e trapiantata nel nuovo mondo per colpa dell'orrore nazista. L'altra, orfana, cattolica, e capace di una punta di ironia amara. Si erano incontrate quando Hannah era da poco arrivata a New York e guardava agli Stati Uniti come a un luogo che non aveva preso ancora forma. Un bar, un locale, un avvicinarsi quasi fortuito. Le amicizie comuni. Sfiorarsi e allontanarsi di nuovo. Quel primo incontro non innescò la curiosità, la voglia di confrontarsi, di aiutarsi e seguirsi. Ci volle ancora del tempo. Ci volle una specie di piccolo incidente diplomatico, perché la loro storia prendesse avvio e i loro destini si intrecciassero. Ci volle uno scontro tra le loro due forti personalità, affinché si mettesse in moto quel legame inestricabile che le con-

dusse a condividere un'amicizia matura, alimentata da
parole, emozioni e confidenze. Quell'amicizia che ebbe
soprattutto la forma dell'alleanza, un vincolo in base al
quale, se rimanevano l'una vicina all'altra, ognuna riusciva a esprimere il meglio di sé.

Era la primavera del 1945. Si erano ritrovate a casa
di Philip Rahv, compagno trentasettenne di Mary Mc-
Carthy. Uno dei tanti che Hannah avrebbe cominciato
a conoscere. Anche lui arrivato dall'Europa, anche lui
ebreo. Anche lui, in qualche modo, timido e curioso,
come lo era Hannah. Insieme a William Phillips aveva
fondato la «Partisan Review», una delle riviste letterarie
piú prestigiose dell'epoca. Sei anni prima aveva scritto
un saggio con cui aveva introdotto Franz Kafka ai lettori statunitensi e al suo intuito editoriale si doveva la
scoperta di autori come Saul Bellow e Bernard Mala-
mud. Quella sera, come accadeva spesso in occasioni del
genere, la conversazione si era accesa. Senza remore né
timori, gli ospiti in casa di Rahv si erano messi a discutere della follia e delle atrocità che solo pochi anni prima avevano sconvolto il cuore dell'Europa. Parlavano
dell'atteggiamento dei francesi nei riguardi degli inva-
sori tedeschi. A un certo punto, Mary non aveva saputo resistere a una specie di tentazione, a quel suo modo
di dire cercando di provocare con frasi che si inerpica-
vano in alto fino a sembrare diverse da quel che erano.
Aveva cominciato a sostenere che la natura di Hitler era
cosí paradossale che non gli bastavano le sue vittime,
perché da quelle vittime voleva persino essere amato. E
mentre pronunciava quelle parole, aveva quasi lasciato
trasparire nei confronti di quel mostro un'incomprensibile compassione. Hannah, allora, era rimasta sorpresa
da quelle parole pronunciate da una donna piú giova-

ne di lei di sette anni. E forse per la prima volta si era messa a osservarla. Il suo ovale perfetto, gli occhi chiari, i capelli legati indietro. Lo sguardo fisso di sfida. Il corpo slanciato che la faceva sembrare piú alta di qualche centimetro. Hannah aveva sentito, di fronte a quelle affermazioni, un moto di rabbia e di fastidio. Mary McCarthy doveva esserle sembrata semplicemente una persona che cercava di sorprendere e stupire. Cosí non era riuscita a trattenersi, non aveva cercato neppure di apparire diplomatica, e si era affidata all'istinto. Aveva risposto che non si poteva parlare cosí di Hitler, non lo si poteva affrontare con una tale leggerezza. Soprattutto in presenza di ebrei. Davanti a Rahv, davanti a lei, che proprio a causa della mostruosità di Hitler aveva vissuto l'esperienza traumatica di un campo di sterminio.

Arriva sempre un momento in cui ci sentiamo toccati molto da vicino quando qualcuno esprime un giudizio generale, distaccato, su qualcosa che ci ha riguardato personalmente. Arriva sempre un istante in cui ci sentiamo traditi quando qualcuno, per il gusto della provocazione, ragiona, dalle vette remote del pensiero, intorno a qualcosa che noi invece abbiamo vissuto sulla nostra pelle. In quel momento, è come se venissimo feriti di nuovo. Quella specie di urto, di contrasto, sembrava l'ostacolo insormontabile che avrebbe impedito l'inizio di qualsiasi sincera relazione tra le due donne. L'esperimento stava per fallire prima ancora di cominciare. Non era forse l'esito piú prevedibile? Eppure alle volte le amicizie, per nascere, devono passare attraverso l'incomprensione, la rabbia, lo scontro verbale. E solo dopo possono diventare un terreno sorprendentemente fertile, a cui ci si dedicherà con un fervore mai avuto prima.

Dovettero passare tre anni da quella litigata a casa di Philip Rahv prima che la loro amicizia cominciasse davvero. L'innesco di una relazione ha tempi che non possiamo prevedere. Nessuno può dire con esattezza quale sarà il momento in cui ciascuno si affiderà all'altro. Nessuno può dire chi dei due farà il primo passo, chi metterà in moto l'inesorabilità dell'affetto. A compiere quel passo fu Hannah, lei che quella sera a casa di Rahv si era sentita tradita dalle parole di Mary. Si trovavano sulla banchina della metropolitana ad aspettare un treno che le riportasse a casa. Due donne che si frequentavano, ma che non avevano ancora trovato il coraggio di varcare la soglia dell'amicizia. Due giovani donne sole nei loro cappotti.

Poco prima, erano state a casa di Dwight Macdonald. Quella sera la conversazione aveva visto i «ragazzi» schierati da una parte e loro due dall'altra. Forse fu quella sgradevole sensazione ad avvicinarle, l'ennesima prova di come anche nella cerchia delle loro conoscenze piú strette dovessero combattere, in quanto donne, per non essere relegate e poter esprimere la propria opinione. Cosí, sotto la pensilina, mentre aspettavano che arrivasse il treno, quando la notte era troppo ampia, Hannah disse a Mary che era arrivato il tempo di rompere gli indugi. Sotto la pensilina, Mary provò a riaprire la questione che le aveva tenute distanti per tutto quel tempo. Provò allora a scusarsi della frivolezza con cui, a casa di Rahv, aveva pronunciato quelle parole. C'è sempre un momento, quando l'amicizia smette di essere un bocciolo per dischiudere i propri petali, in cui ci abbandoniamo a una sorta di contrizione, di sincerità assoluta, una specie di passaggio obbligato che ci viene richiesto se vogliamo accogliere nella nostra cerchia di affetti una nuova persona. E in quella notte, dopo che Mary si fu scusata di ciò che aveva detto tre anni prima, Hannah fece altrettanto, sentendosi in dovere di precisare che lei non era stata in un campo di sterminio, ma in un campo di internamento. Deposero le armi, ciascuna disposta ad assumersi il proprio carico di responsabilità per quella attesa dilatata che le aveva tenute immobili sulla soglia della loró amicizia. Ebbero entrambe la forza di non mancare all'occasione, di non rimanere inabissate nella fortezza del proprio io. Poi salirono sui vagoni della metropolitana e chi le avesse viste da lontano, anche se non poteva sapere di cosa parlassero, di certo avrebbe notato il sorriso che animava i loro volti. Non si può mai dire con certezza di cosa parlino due amiche, ma non è dal contenuto del loro bisbigliare che possiamo valutare il grado della loro complicità, quanto dal modo in cui lo fanno, persino mentre passeggiano per le strade notturne di New York..

Hannah, negli anni successivi, rimase negli Stati Uniti, mentre Mary cominciò a trascorrere sempre piú tempo in Europa. Tuttavia questa distanza non le divise, anzi, sembrò quasi rafforzare in ciascuna di loro l'esigenza di ribadire le ragioni di quel legame. Mary scriveva lettere lunghissime, Hannah amava la brevità, l'essenzialità. Ma entrambe lasciavano scoperto il fianco che con gli altri sapevano di non poter esporre. In fondo, è cosí che ci accorgiamo che l'esperimento non è fallito. Nelle lettere che si spedivano convivevano la schiuma dei giorni e gli interrogativi piú profondi. Ciascuna aveva uno stile che somigliava al proprio modo di darsi. Ciascuna aveva la sua voce. Le titubanze, gli slanci. Mary voleva scrivere all'altezza della sua amica, ma alla fine si lasciava andare e anziché attendere che le parole fossero perfette, cominciava a riempire le pagine di curiosità, di domande, d'affetto. Erano lettere lunghe e piene di dettagli, colme di considerazioni spesso futili, di richieste di aiuto. A volte voleva sapere se era stato Kant ad aver detto una certa cosa, ma molte altre le raccontava dei suoi cedimenti agli uomini di cui si innamorava. Confessava che era certa di poter cambiare, in meglio, se stessa e l'innamorato di turno. Non era a questo che serviva la vertigine dell'amore, quel sentimento inarrivabile e stordente? E Hannah le confessava, da parte sua, quanto invece essere se stesse fosse la cosa piú importante. Ragionavano intorno all'abisso profondo che allo stesso tempo unisce e separa. D'altronde, ciascun legame resta un enigma, perché è il territorio sconosciuto in cui prendono forma, attraverso lo scorrere dei giorni, due esigenze: quella di essere se stessi e quella di essere per gli altri. E ogni tipo di legame si caratterizza per il modo in cui cerca la soluzione affinché entrambe queste esigenze si realizzino. Ne discutevano sempre, come se al fondo della questione si nascondesse il segreto di ogni cosa. Lo diceva anche il rabbino, il vecchio Hillel: «Se io non sono per me stesso, chi lo sarà? Se io sono soltanto per me stesso, chi sono io?»

Mary e Hannah. Dialogavano per capire, non per prevalere. E da quelle frasi, prima di ogni altra cosa, emergeva il loro bisogno di diventare se stesse. Non funzionava allo stesso modo anche l'amicizia? Se io non sono per me stessa, chi lo sarà? Se io sono soltanto per me stessa, chi sono io? Si incontravano, si scrivevano, si scambiavano i libri che pubblicavano. Provavano a essere se stesse, ma non soltanto per se stesse. E cosí proseguivano l'esperimento, tenendo il fallimento di quell'umano tentativo a debita distanza.

Quando si incontravano in casa di amici con i loro amori, con le persone a cui volevano bene, finivano ogni volta per difendersi l'una con l'altra. Si dovevano sempre difendere dai «ragazzi», come si erano abituate a chiamarli, i quali tramavano costantemente per non lasciar loro lo spazio che meritavano. Quello spazio che, millimetro dopo millimetro, dovevano conquistarsi per mettere in scena il proprio pensiero, la propria dignità, la propria legittimità.

A Mary piaceva molto quel modo che aveva Hannah di stare nel mezzo delle cose del mondo. Ne era sedotta. Una volta che Hannah affrontava una questione, gli elementi in gioco non apparivano piú sotto la stessa luce. Cosí era successo anche con il processo a Eichmann, uno dei maggiori responsabili dello sterminio di massa degli ebrei, dopo che Hannah firmò quegli articoli per il «New Yorker». E lei che aveva parlato della banalità del male, spediva lettere a Mary in cui si interrogava sulla vera questione che, dal suo punto di vista, andava affrontata, cioè che tipo di uomo era l'accusato e fino a che punto il sistema giudiziario fosse in grado di farsi carico di quei nuovi criminali, i quali non erano criminali normali. E Mary, da parte sua, cercava di darle supporto, di aiutarla in qualche modo: le faceva sapere che non voleva limitarsi a prestarle ascolto.

Hannah, tutte le volte che Mary le annunciava il suo arrivo a New York, cominciava a contare i giorni che la separavano da quella data e si offriva di andarla a prendere all'aeroporto, convinta che in quel modo si sarebbe abbreviato il tempo della separazione. Quando si incontravano si scambiavano piccoli regali, nella speranza che quegli oggetti fossero capaci di ricordare a ciascuna dell'altra, anche quando sarebbero state di nuovo lontane migliaia di chilometri. Una volta che Hannah le regalò un braccialetto, Mary le scrisse di essersi convinta che quell'oggetto possedesse delle doti speciali, perché da allora, da quando l'aveva ricevuto, aveva il morale più alto. Era molto più felice di prima. Accade così che l'amicizia torni a trasformare gli oggetti in simboli, in qualcosa di arcaico, potente e misterioso, in qualcosa in cui proiettiamo ambizioni, desideri, dedizione e cura.

Hannah e Mary. Pianificavano continuamente di incontrarsi. Cercavano di infittire i momenti da condividere insieme, quelli in cui ciascuna donava qualcosa, ciascuna sentiva l'urgenza di fare qualcosa per l'altra. Pensavano al tempo che avrebbero ancora condiviso, al benessere che ne avrebbero tratto. A quanto sarebbe stata diversa e più povera la loro vita senza quell'amicizia così speciale, senza quel legame inatteso che permetteva di vivere con un fianco scoperto, sapendo che l'altra l'avrebbe difeso.

Nel maggio del 1974, quando Hannah ebbe un infarto mentre si trovava ad Aberdeen per alcuni lezioni, Mary la raggiunse subito da Parigi per starle vicino. E il tempo sembrò avvicinarsi rapidamente, parve quasi restringersi. L'amicizia allora divenne ancora più preziosa, visibile, concreta. Un oggetto brillante che si poteva tenere in mano. Entrare negli ospedali, percorrere corridoi. Sentiva ogni cosa rimbombarle nelle orecchie, diventare più grande di quel che pensava. Starle vicino ogni giorno. Come se potesse impedire che qualcosa di più grande portasse via quella persona, la sua amica, il corpo, il cuore, i pensieri, il sorriso, la rabbia e la pacificazione. Si erano salutate, ripromettendosi di scriversi presto, di rivedersi ancora. Di proteggersi a vicenda.

Ancora piú di quanto non avessero fatto durante il tempo della loro amicizia.

Poi comunicarono a Mary cosa era successo il 4 dicembre del 1975. Un colpo di tosse. Un altro infarto. Il funerale era previsto quattro giorni dopo. Allora Mary lasciò di nuovo Parigi. Quante volte era successo per incontrarla? Quante volte partiamo per raggiungere la persona che ci ha permesso di intessere con lei un legame speciale, di dar vita a quell'esperimento prezioso, e ogni volta che atterriamo la troviamo all'aeroporto che ci aspetta con lo stesso slancio, con quella naturale fiducia che è la prova vivente di come l'esperimento stia riuscendo? Di come il fallimento sia stato evitato? Quante volte riusciamo a essere davvero consapevoli del dono che ci è stato fatto?

Cominciò a scriverle sui fogli dell'albergo, un gesto che le venne naturale. In fondo, anche quella era una lettera per lei, l'ennesima di una corrispondenza durata oltre trent'anni. Mary, l'americana che spediva missive dall'Europa, e Hannah, l'ebrea tedesca che rispondeva dagli Stati Uniti. Mary si mise a scrivere senza sapere se avrebbe trovato la forza di leggere quelle parole. Ancora una volta. Un'altra lettera. Mary credeva in Dio, era cattolica, ma quando si devono fare i conti con l'assenza del corpo, del profumo, dell'abbraccio, ci si perde lo stesso. Per questo motivo si era rifugiata nella scrittura, per questo motivo si era messa a scrivere su quei fogli trovati in albergo. Un'altra lettera per dire addio a un'amica.

Arrivò alla Riverside Memorial Chapel a Manhattan. Tutta quella folla. In molti vestivano di nero, ma c'era pure chi portava abiti normali, colorati. Chi aveva

spille sulle giacche. Associazioni di lavoratori. Quanta
gente avrebbe dovuto essere lí per lei? Le rose bianche.
Prese la parola Hans Jonas, che era stato un compagno
di studi di Hannah, ebreo come lei, tedesco come lei.

Poi venne il turno di Mary. Si avvicinò al microfono
con in mano la carta da lettere che aveva utilizzato per
quelle parole. E cominciò a leggere, quasi senza pensare, come se quello non fosse piú un addio, ma un'altra
forma di congedo in cui chi non c'era piú diventava una
parte di lei, e i suoi pensieri, i suoi gesti, diventavano
una sua responsabilità e quindi doveva incarnarli, por-
tarli dentro e lasciarli vivere ancora. «Era una donna
bellissima, affascinante, seducente. Aveva degli occhi
brillanti e profonde riserve di spiritualità. Quando parlava, – continuò a leggere, – era come se i movimenti
della mente si vedessero attraverso i suoi gesti». Poi
disse di quando se ne stava seduta sul sofà senza muoversi, con le braccia dietro la testa e gli occhi socchiusi che fissavano il soffitto. «Poteva starsene cosí anche
dieci minuti, mezz'ora. Se dovevo entrare nella stanza,
– disse quasi sottovoce, – sentivo che la cosa migliore
era camminare sulle punte». Non disse altro. Giunse la
sera e poi il mattino. E come accade quando perdiamo
chi ci è stato amico per un tempo che non credevamo
cosí lungo, per molti giorni ebbe la tentazione di alzare
il telefono, di scriverle una lettera, e le sembrò inspiegabile di non poterlo fare.

Dall'altra parte del fiume

Prima che lei arrivasse a Monaco, per studiare nella stessa università del fratello, alla Ludwig-Maximilians-Universität nel quartiere di Maxvorstadt, Hans le scriveva di tutto quello che lo sorprendeva, di quello che lo affascinava. Le scriveva dei concerti dedicati alla musica di Mozart, di quel genio morto giovanissimo, delle sue composizioni piene di energia, dell'infinito repertorio lasciato ai posteri nonostante la breve vita. Le scriveva del grande concerto per orchestra che si era tenuto alla Tonhalle. In quelle parole, senza neppure volerlo, finiva per trasmetterle un'attrazione per la vita che a lei appariva irresistibile. Le scriveva del suo bisogno di alimentarsi di un'arte di quel tipo. Le diceva che per lui era una necessità, come il pane quotidiano. Un nutrimento altrettanto importante. Sophie non seppe resistere al richiamo del fratello. Cosí accade, quando chi è cresciuto al nostro fianco continua a prestarci attenzione, quando chi è giovane come noi e ci ha visto nascere continua a offrirci doni inattesi e insiste a perpetuare la complicità e la condivisione, anche al di là dei giorni dell'infanzia, anche quando la vita ci chiama a qualcosa di piú temibile e severo.

Il giorno del suo arrivo, Hans andò a prenderla alla stazione di Monaco, lei cosí delicata e con quel sorriso che quando si apriva la rendeva bellissima, pure se bellissima non era. Lui le sfiorò con le mani il ciuffo dei capelli. E quella carezza sembrò restituirle tutto ciò di cui aveva bisogno. Quando arrivarono a casa, c'erano anche gli amici di Hans. Lui si mise a leggere alcuni versi di Gottfried Keller, il poeta ribelle morto molti anni prima. Raccontavano di un ladro che sbucava dall'oscurità con l'intenzione di mettersi semplicemente a rubare dalle borse, e invece si ritrovava con qualcosa di molto piú importante. Hans scelse quella poesia perché voleva mostrare come anche attraverso un componimento di un'altra epoca si potesse parlare di colui che aveva preso il potere e reso angosciante la vita di ogni giorno in Germania.

Sophie, mentre discutevano e parlavano, si era ricordata della bottiglia di vino e della torta che la madre e il padre le avevano dato prima di partire. Mangiarono. Condivisero i bicchieri. Sorrisero e furono felici. Andarono poi sulle sponde dell'Eisbach a suonare la chitarra e la balalaika. Capita di comportarsi cosí, quando tra un fratello e una sorella si ha l'impressione di restare sempre bambini, mentre invece si sta diventando inarrestabilmente adulti.

Nei giorni che seguirono si confrontarono con tutto quello che c'era in città. La morsa della dittatura. Era inevitabile che, nel chiuso della casa, tornassero a discutere del cuore piú profondo dell'universo. Il bene e il male. Dio. Il dolore. Quello che di violento e spaventoso siamo chiamati ad affrontare nella realtà. La libertà personale come bene essenziale per l'esistenza di tutti. Discutevano tra amici di cose serie. Scherzavano. Arrivava la notte. I fratelli e le sorelle rimangono sempre a parlare di notte, come quando da piccoli condividono i loro segreti e rimangono a parlare di cose piú grandi di loro. Di imprese ambiziose. Di gesti necessari da compiere. Cosí fanno i fratelli e le sorelle. Quando cala il buio, sempre tornano a parlare.

Hans dovette partire per una spedizione militare in Russia. E lei scoprí ancora una volta quanto potesse mancargli. Quanto gli fosse necessario. Poi Sophie fu obbligata dal regime a lavorare sei mesi in una fabbrica militare, dieci ore al giorno come un automa. E lo dovette fare pur di continuare a studiare. Aveva scelto filosofia e geologia. Il fratello studiava medicina. La stessa città, la stessa università, la stessa casa, lo stesso destino. Nulla sarebbe stato lo stesso, se non l'avesse seguito a Monaco; nulla sarebbe stato lo stesso, se Hans non avesse continuato a offrirle la stessa complicità di quando erano bambini. Nulla sarebbe stato possibile, neppure quell'impresa di voler liberare la Germania dalla follia di Hitler. I destini di Sophie e Hans. Ogni giorno piú inscindibili e inseparabili.

Sono intrecciati la vita e il destino di fratelli e sorelle anche nelle leggende, nelle mitologie, nelle fiabe. Cosí accade in una storia dei fratelli Grimm. In quella storia, Gretel, la sorella piú piccola di Hänsel, deve eseguire un ordine nella casa in cui è tenuta prigioniera insieme al fratello. E quando viene costretta a fare ciò che non ritiene giusto, non solo non esegue il comando che le è stato impartito, ma pur di non portarlo a termine trova il coraggio di spingere la vecchia dentro il forno rovente, senza sapere se quell'azione la condurrà alla libertà o alla morte.

Nonostante la tenera età, Gretel è chiamata a un gesto estremo per trovare riscatto e riuscire a fuggire. Viene costretta a prendere consapevolezza di ciò che la vita non le risparmierà.

Il 18 febbraio del 1943, Sophie e Hans Scholl uscirono dalla casa che li aveva ospitati per alcuni mesi. All'i-
nizio dovette essere il sospetto che cominciava a cadere
su di loro. Il sospetto che, sentivano, li stava spingendo
in un angolo. All'inizio dovettero essere la diffidenza,
le congetture degli altri, a farli uscire di casa. Erano le
undici del mattino, quando si tirarono dietro la porta
dell'abitazione che dava sul retro dell'edificio di Kaiser
Franz-Joseph Strasse 13. Avevano vissuto insieme in
quella casa nemmeno un anno, eppure in quel breve
lasso di tempo tutto aveva preso ad accelerare. Erano
diventati adulti per sempre.

Sophie aveva inseguito il fratello a Monaco, come da
piccola lo aveva inseguito per i meandri della casa di
Ulma. Era la prima persona che aveva amato, ammirato,
stimato. Quel mattino, Sophie era una ragazza di appena
vent'anni. Uscirono di casa spinti dalla paura di finire
come i topi. Presero con loro la valigia. Quale strada era
meglio percorrere per ridurre i rischi? Leopoldstrasse o
Friedrichstrasse? La strada principale o quella un po'
meno in vista? Camminavano in fretta, Hans e Sophie.
Ancora insieme. Dovettero sentire di nuovo una certa
eccitazione sotto il cielo ventoso. Un fratello e una sorella. Quel che tenevano in mano. È sempre cosí breve
il tempo che trascorriamo con le persone che amiamo.
Quale che sia il numero di ore e giorni che riusciamo
a condividere, sembrano sempre troppo pochi. Eppure, nulla come quel tempo condiviso lascia intravedere
quanto vertiginosa la vita possa essere.

Quante volte avevano passeggiato insieme? A Ulma e
a Monaco. Con il padre che raccontava degli ideali, del
rispetto, della democrazia, e forse non si rendeva conto,

quel giovane padre, cosa stesse instillando in loro, o forse se ne rendeva conto, e proprio per questo, per un certo senso dell'umano, continuava a farlo, continuava a dire ai suoi figli quel che andava fatto, anche se non poteva sapere cosa sarebbe successo, a cosa li avrebbe spinti, ma forse non si sarebbe trattenuto lo stesso, perché qualcuno deve trovare il coraggio di dire. Quante volte Sophie aveva camminato per le strade di Monaco con gli amici di Hans, che poi erano diventati anche i suoi amici?

Una notte l'aveva pure sognato. Passeggiava con Hans, e insieme a loro c'era l'amico Shurik. Sophie, in quel sogno, era al centro, e avanzava tenendo sottobraccio gli altri due. E loro, che erano molto piú alti di lei, la sollevavano quasi da terra. A un certo punto, Hans si era messo a dire, in quel sogno che lei aveva fatto, di avere la prova dell'esistenza di Dio. Si era messo a dire che Dio, affinché restasse sempre il nutrimento dell'aria per gli uomini, di tanto in tanto espirava il suo fiato nel mondo attraverso una bocca. In quel sogno, all'improvviso Sophie aveva visto Hans, suo fratello, il suo amato fratello, alzare il viso verso il cielo scuro, trattenere il respiro e gettare fuori l'aria dalla bocca. Un respiro di un blu raggiante, che spostava le nuvole fosche e rendeva il cielo limpidissimo. Ora che fuggivano da casa, perché Hans non guardava il cielo? Perché non tratteneva il respiro e gettava l'aria per spazzare il cielo?

All'inizio fu la paura, ma quando arrivarono all'università la paura scese di tono, e a salire fu una specie di esaltazione e di gioia, di incanto e stupefazione. Dalla valigia tirarono fuori le copie stampate del manifesto che Hans aveva scritto le notti precedenti. Fino ad allora avevano spedito e distribuito i volantini presso le abitazioni di numerose città. Avevano viaggiato per

far credere, a chi faceva parte dell'orribile macchinario
e difendeva la dittatura, che il loro gruppo era molto
numeroso, piú di quanto non fosse nella realtà. Perché
erano pochi, pochissimi, ad aver trovato il coraggio di
pronunciare le parole che andavano pronunciate, di lottare a favore della libertà. Avevano sperato che la gente, leggendo quelle parole, avrebbe capito e trovato la
forza di reagire. Ma non era successo niente.

Invece nella storia di Gretel alla fine qualcosa accade.
La vecchia prende fuoco e il gesto ribelle della piccola si
conclude con il successo. Gretel corre subito a liberare
il fratello Hänsel e insieme, in preda a un senso di euforia, si mettono a perlustrare la casa di chi li ha tenuti
prigionieri. Si riempiono le tasche di perle e pietre pre-
ziose, poi escono di corsa. Fuggono per i boschi, anche
loro con la sensazione che possa succedere qualcosa, che
qualcuno li catturi. Corrono per ore nella speranza di
fuggire dal bosco della strega, da quella malia che li rendeva prigionieri. A un certo punto, giungono alla riva
di un fiume, ma non sanno come attraversarlo. Anche a
Gretel e Hänsel non basta l'affetto e l'amore reciproco
per salvarsi. Quasi si disperano. Non c'è un ponte, non
c'è una barca. Allora vedono un'anatra bianca. Quell'a-
nimale di un biancore luminoso è la loro salvezza. Uno
dopo l'altra, la bestiola li porta all'altro lato del fiume.
Finalmente fratello e sorella possono correre lontani dal
bosco della strega. Lontani da chi li ha tenuti prigionieri.

Sophie e Hans salirono le scale dell'università. Avevano deciso che bisognava rivolgersi ai giovani, agli
universitari, ai ragazzi e alle ragazze, a chi molto probabilmente provava lo stesso meravigliato stupore per

la vita. Gli studenti. Le menti curiose. Sarebbero stati loro a custodire il fiore piú profumato che ci sia? Avrebbe germogliato dentro di loro il prezioso seme gettato?

Sophie e Hans fecero le scale di corsa e una volta arrivati davanti all'aula 201 cominciarono a spargere i volantini. «In nome della gioventú tedesca esigiamo dallo stato di Adolf Hitler la restituzione della libertà personale, il bene piú prezioso dei tedeschi». Gli studenti, i giovani che probabilmente provavano il loro stesso meravigliato stupore per la vita, avrebbero letto quelle parole alla fine della lezione. Le avrebbero lette e avrebbero pensato piú a fondo a quello che stava succedendo. O non sarebbe andata cosí? Hans e Sophie continuarono rapidi a spargere i volantini nell'atrio. E ancora verso l'uscita, sulle scale che davano su Amelia Strasse.

Ma allora fu la gioia e la sorpresa. La certezza di non poter piú tornare indietro. Come se anche loro potessero guadare il fiume, come se anche loro potessero trovare un'anatra bianca in grado di traghettarli, uno alla volta, dall'altra parte, dove avrebbero trovato la libertà. La certezza di non poter piú rientrare in quella casa, perché ormai la Gestapo era sulle loro tracce. E allora non fu piú la paura, non piú il sospetto. Fu una specie di corsa da compiere ancora insieme, come quando erano piccoli e correvano nei parchi vicino a Ulma o lungo il corridoio di casa. Fu allora una specie di vertigine, di euforia e di liberazione, un senso profondo di quel che andava fatto. Salirono ancora le scale, Hans, cosí alto e bello, Sophie cosí tenera, dolce e sublime quando sorrideva. Salirono al piano di sopra, con i volantini in mano, e non c'era piú molto tempo.

La sera prima Sophie aveva scritto a un'amica di aver ascoltato il quintetto della *Trota* di Franz Schubert, una composizione che l'autore scrisse quando aveva anche lui appena vent'anni. Mentre ascoltava l'andantino, Sophie aveva provato la stessa sensazione che si prova quando il cuore è pesante e triste, e si vede il cielo con le nuvole di primavera e i rami che germogliano davanti al luccicare del primo sole. Aveva ascoltato con attenzione il tema del pianoforte e vi aveva trovato la stessa gioia della primavera. Ma anche ciò che aveva provato al momento di scrivere quella lettera, era già passato. Come passa piú rapidamente il tempo che trascorriamo con le persone che amiamo.

Bisognava agire in fretta. Fu allora che Sophie e Hans cominciarono a lanciare dall'alto i volantini, e fu come rendere il cielo piú azzurro, come se potesse sbocciare la primavera, mentre i fogli planavano in basso, mentre un bidello li osservava, li identificava e li denunciava. Non ci fu altro tempo. La Gestapo li arrestò e con un breve processo li condannò. L'esecuzione avvenne pochi giorni dopo. Non era ancora primavera.

La stessa fragile imperfezione

Nel tempo dell'infanzia accade che si rimanga incantati dai gesti quotidiani di un padre. Lo schioccare delle dita per attirare la nostra attenzione, il racconto di una storia, il profumo che permane tra la stoffa di un cappotto, le sigarette, il capo piegato quando riposa. La voce cavernosa con cui pronuncia frasi mirabolanti, come si inerpica nel racconto di avventure mai udite, il suo modo di gesticolare e attirare la curiosità e l'interesse di tutti. Qualche volta pare dimenticarsi di noi, dei più piccoli, come se abbia altre idee per la testa, e preferisca inseguire degli aquiloni in alto nel cielo che noi, dalla minuta dimensione della nostra età, non riusciamo neppure a intravedere.

In questo modo anche Fëdor Dostoevskij doveva osservare il padre nel tempo dell'infanzia. Ma il precipitare dei giorni, degli eventi, la morte prematura della madre, il mutare delle condizioni familiari, costrinsero Fëdor a misurarsi con l'inatteso e con la più complessa natura della persona che si trovava al suo fianco. Prima, quando era ancora un bambino, il padre gli regalava dei libri, lo portava a teatro, lasciava che germogliasse dentro di lui quel tipo di immaginazione fertile che fa emergere pensieri, idee, domande. La voce roca con cui raccontava le storie, suggeriva che al loro interno si nascondessero questioni importanti a cui prestare attenzione. Poi, in-

vece, smise quei panni e abbandonò quella dedizione.
Preso dall'inseguimento di altre prede, si convinse che
per Fëdor tutto dovesse mutare.

Cosí organizzò per il figlio un trasferimento che gli
avrebbe cambiato la vita. I padri cambiano sempre la
vita ai propri figli, anche se non se ne accorgono, anche se non sanno prevedere in che modo. Quel viaggio
avrebbe portato Fëdor lontano da Mosca, a San Pietroburgo, dove si sarebbe preparato agli esami di ammissione all'Accademia militare di Ingegneria. Con quella
decisione, Michail Andreevič intendeva assicurargli un
futuro. Era l'unico modo che lui, medico e piccolo pro-
prietario terriero, conosceva per indirizzare il figlio verso una professione dalle prospettive meno incerte. Gli
impose allora di lasciarsi alle spalle i libri e la passione
per il teatro che lui stesso aveva cercato di trasmettergli.

Non appena Fëdor venne a conoscenza di ciò che lo
aspettava, si ritrovò ad alimentare una sorta di comportamento ambivalente nei confronti di quel padre divenuto
sfuggente. Adorazione e rancore, amore e frustrazione,
si alternavano nei sentimenti che ora nutriva per lui. Piú
passavano i giorni, piú l'ambiguità cresceva, pur senza
volerlo, come accade con un arbusto vigoroso per il quale
nessuno ha mai piantato alcun seme. Piú si avvicinava
la partenza, piú si accentuava quella sovrapposizione di
stati d'animo contrastanti. Piú trascorrevano i giorni e
piú il padre appariva ai suoi occhi come sdoppiato. Al
pari di chi punta lo sguardo su una persona sola e sbi-
gottito si accorge di vederne due, anche a noi può succedere di rimanere interdetti quando scopriamo che la
persona che pensavamo fosse in un certo modo, nasconde in realtà un doppio, un altro sé dal risvolto cupo. E
le due pérsonalità, come in un effetto ottico, come in

una rifrazione, si sdoppiano e si contendono l'attenzione di chi guarda. Può capitare cosí che nella figura di un padre si vedano contemporaneamente l'uomo che ci proteggeva e colui che svela un'indolente indifferenza; l'uomo che aveva a cuore il nostro destino e colui che ci impone delle scelte, mandando in frantumi i nostri sogni; l'uomo comprensivo che alimentava affettuosamente la relazione che ci legava a lui, e la persona che mostra il suo volto aggressivo, lasciando che diventino legittimi la rabbia, lo sconcerto e la furia.

Arrivò il giorno della partenza. Sulla carrozza, il padre, Fëdor e Michail, il fratello con cui condivideva la stessa sorte, parlarono di molte cose, ma fu come non dirsi nulla. Fëdor non fece alcun cenno a ciò che non sopportava di quel piano che il padre aveva prefigurato per lui. Quante volte, poco prima di un avvenimento cruciale e determinante, accade che si finisca con il parlare d'altro, pur di non affrontare ciò di cui invece sarebbe necessario discutere? Il timore, la paura, l'incanto, l'amore e il rispetto. Le parole che rimangono trattenute e quelle che escono dalla bocca senza lasciare alcuna traccia. Quante volte ci rammarichiamo di non essere riusciti a trovare le parole giuste da dire a nostro padre, quante volte ci rimproveriamo di non aver saputo scegliere il momento giusto per dirgli ciò che andava detto? Quante sono le parole che un figlio e un padre condividono davvero?

Durante il viaggio Fëdor venne colpito da un dettaglio che lo perseguitò per molto tempo, come una matrice che rimase impressa su di lui. Forse fu il vero innesco della strada che avrebbe voluto percorrere in alternativa all'Accademia militare, forse fu la prima inattesa scintilla generata da una vocazione piú forte. A una stazione

di posta, durante una sosta, vide un corriere governati-
vo che picchiava sul collo il cocchiere della loro carrozza. Fëdor rimase a osservare senza capire, ma provando
compassione per l'umiliazione a cui quell'uomo era costretto. Non riuscí nemmeno allora a condividere con
il padre i pensieri che gli presero a girare nella mente.
Quale colpa poteva avere quel cocchiere? La sua umiliazione si sarebbe dissolta, o ne avrebbe partorita una
ulteriore come rivendicazione della prima? La disperazione generata da un gesto di violenza che esce rabbioso
dall'animo umano poteva rimanere senza conseguenze?
Su chi si sarebbe rivalso quel cocchiere?
    La rabbia, la delusione, l'amore e il disincanto. Tutto,
a un certo punto, cominciò a sovrapporsi. Basta un gesto, un'azione che non credevamo possibile, uno schiaffo contro il volto di una donna intravisto per sbaglio da
dietro lo stipite di una porta; una piccola truffa messa
in atto per disperazione, o per un meschino bisogno, e
il padre che prima ci incantava, quell'uomo che ci am-
maliava anche solo con il profumo del suo cappotto, ci
costringerà a provare nei suoi confronti un disprezzo in-
volontario, non desiderato, un disprezzo contro il quale
lottiamo, ci battiamo strenuamente, affinché resti fuori
dalla porta dei nostri sentimenti.
    Di Michail Andreevič si diceva che quando incon-
trava i contadini, li colpisse con una verga, sia che gli
rivolgessero lo sguardo, sia che tenessero gli occhi bas-
si. Dal punto di vista del padre di Fëdor, quei contadini erano in ogni caso colpevoli. Nel primo caso, di aver
osato sostenere lo sguardo del padrone. Nel secondo,
di non aver avuto l'educazione di guardarlo in faccia.
Quale altra violenza avrebbero generato quei colpi? In
che modo avrebbe poi trovato sfogo quell'umiliazione

dell'animo umano? Quella follia, quella violenza, fino a dove si sarebbero spinte?

A furia di premere con forza contro la porta che cerchiamo di tenere chiusa con tutto il nostro corpo, finisce che l'ambivalenza, la delusione e il disincanto ci strappino via di mano la maniglia ed entrino nella stanza dei nostri sentimenti. Fëdor ricordava di quando il padre lo aveva portato a teatro, ad appena undici anni. Si trattava di un'opera di Schiller, *I masnadieri*. Quel che era avvenuto in scena, quella storia familiare con al centro le vicende di un padre e due figli, lo aveva profondamente colpito. Ad affascinarlo erano soprattutto le figure dei due fratelli, di cui uno, Karl, finiva per diventare, nonostante gli ideali di giustizia che lo animavano, o forse proprio in ragione della loro segreta contraddizione, una sorta di criminale, un assassino; mentre l'altro, Franz, non desiderava altro che la morte del padre. È possibile che Fëdor, in quel giorno lontano dell'adolescenza, si fosse identificato con la sete di giustizia e di cambiare il mondo di Karl, ma che piú avanti nella vita, quando suo padre cominciò a mutare davanti ai suoi occhi, si fosse sentito piú vicino all'altro fratello, a Franz.

Tempo dopo, da San Pietroburgo, Fëdor scrisse una lettera al padre. Lo teneva aggiornato sugli studi preparatori, elencandogli le materie che lo tenevano occupato: matematica, scienze, fortificazione e artiglieria. Gli raccontava che il sabato e la domenica tracciava mappe e disegni. Narrava, entrava nei dettagli, ma era come se non riuscisse ad attraversare l'ingresso della stanza segreta in cui avrebbero potuto condividere davvero qualcosa di sincero. Non cercò alcun chiarimento, non confessò il disprezzo, l'ambiguità che provava dentro. Non gli disse dell'arbusto, ormai diventato albero, che era cresciuto senza che lui avesse gettato alcun seme. Si limitava a informarlo che presto avrebbe cominciato a studiare Teoria del fronte con un sottufficiale. Aspettava gli esami di ammissione. Descriveva come trascorreva le giornate, ma non riusciva a trovare la forza di dirgli che i compagni di studio erano per lui degli estranei, di quanto li sentisse distanti. Nella lettera che gli scrisse arrivò persino a dire: «Ancora a lungo dovrete occuparvi dell'educazione dei vostri figlioli». Ma non fu così.

Nel giugno del 1839, a Fëdor giunse la notizia della morte del padre. Nessuna certezza sulle cause. Forse era stato ucciso. Forse alla fine la stessa frustrazione dei contadini aveva trovato uno sfogo. Forse qualcuno lo aveva colpito per vendetta, per i modi che aveva di trattare gli altri, per quel figlio avuto con una serva. Forse per altro ancora. In Fëdor trovò allora spazio un rancore tardivo per quello che il padre l'aveva costretto a fare, un rancore che si sommava vertiginosamente a un dolore sordo per i pensieri che aveva covato e che non aveva mai condiviso con lui. E ora che il padre non c'era più, restava il senso di colpa per quei pensieri. Può capitare che a legarci a un padre sia, per molto tempo, un sentimento di avversità, di estraneità, e di scoprire solo dopo, quando ormai è tardi, che un'inattesa compassione se ne stava nascosta nel fondo della rabbia, una compassione che c'era sempre stata, ma alla quale non abbiamo saputo dare una voce al tempo debito.

La scomparsa del padre lo chiamò a una responsabilità che sempre aveva rinviato. Quando trovò la forza di scrivere al fratello, fu come l'annuncio di un atto di rivolta: «Il mio solo scopo è essere libero. Per la libertà sacrifico tutto». Scrisse che dentro di sé ogni cosa era al proprio posto, come «nel cuore di un uomo che nasconda un profondo segreto». E infine, quasi lasciando presagire tutto quello che sarebbe venuto dopo: «L'uomo è un mistero. Questo mistero bisogna cercar di intendere, e se anche vi starai occupato intorno tutta la vita, non dire che hai perduto tempo: io mi occupo di questo mistero perché voglio essere un uomo». Solo con il tempo ci viene concesso, anche se a volte è troppo tardi, di comprendere il mistero dell'uomo. Solo con il tempo ci viene offerta la possibilità di capire che quel padre che ci incantava quando eravamo bambini aveva la stessa fragile imperfezione del padre che poi, da noi disprezzato senza volere, ne ha preso il posto dentro il nostro cuore. Ferito e disincantato.

La forma di una piuma

Non sappiamo mai se basteranno i ricordi per colmare il vuoto che si è aperto quando chi abbiamo amato ci è stato portato via con il sotterfugio, con la violenza, con il cinismo e la crudeltà. Non sappiamo mai per quanto tempo, dentro la nostra mente, riuscirà a permanere quello spazio, quella voce, quella persona che da un giorno all'altro non abbiamo piú ritrovato al nostro risveglio. Non ci è mai dato sapere per quanto tempo quella persona riuscirà a non svanire, a non allentare la presa sui nostri ricordi.

Marcela era arrivata a San Antonio, sul filo dell'oceano, solo per incontrarla ancora. Il cielo era basso e grigio. Faceva freddo, come faceva freddo anche allora. Non si erano date un appuntamento. Non c'era un modo di farlo. Era arrivata lo stesso, come arrivava tutte le volte che ne sentiva il bisogno. C'erano le voci degli altri, di quelli come lei, ma le sentiva appena. Li conosceva quasi tutti, le piccole ossessioni, le grandi ferite. Nel tempo erano diventati come fratelli e sorelle a cui manca la persona piú cara. Ma non era andata fino a San Antonio, sul filo del mare cileno, a poco piú di cento chilometri da Santiago, per loro. Le navi erano ormeggiate nel porto. Gigantesche e inutili, come le nubi grigie e basse che si ostinavano a martoriare il cielo. Si sentiva il rumore degli ormeggi, delle merci che venivano sca-

ricate, degli uomini che gridavano. Da lí, dal limite tra
l'oceano e la terra, sentiva e vedeva tutto chiaramente,
eppure quelle voci, quei rumori, sembrava che arrivas-
sero da molto lontano. Era una sensazione strana. Qualcosa con cui aveva imparato a fare i conti. Non sapeva
perché, ma sempre piú spesso si fermava a guardare nel
vuoto. Cercava di ritrovare un pensiero, un'immagine di
lei che in tutto quel tempo non era riuscita a ripescare.
Cercava di ricordare un dettaglio, qualcosa che le aveva
detto e che fino ad allora le era sfuggito.

Di tutte le relazioni, quella che piú ci tiene in apprensione, che piú ci chiama in causa e ci avvicina a quanto
di piú insondabile e vertiginoso appartiene all'esistenza
cui siamo destinati; la relazione che ci chiede di piú, che
ci emoziona e ci turba, scuotendoci e facendoci continuamente interrogare, è quella in cui siamo costretti a
fare i conti con l'assenza di una persona cara. E il rapporto interrotto, lasciato in sospeso, che il destino ci ha
impedito di proseguire, diventa il legame a cui piú degli
altri rimaniamo avvinti, per quelle promesse a cui non
possiamo piú tenere fede, per le risposte che non abbiamo potuto dare, per l'infinito amore a cui non abbiamo
potuto continuare ad attingere.

La figlia e la madre. Marcela Meza e Gloria Lagos
Nilsson. La mamma era scomparsa giovanissima e la figlia continuava a cercarla sul confine tra la terra e l'im-
mensità del mare cileno. La madre idealista e concreta
era sparita per colpa della mano crudele di una dittatura militare, e la figlia provava a ricordare o a vivere di
nuovo quel che era accaduto. Qualche volta si riesce a
recuperare un nuovo ricordo della persona amata che
non abbiamo piú la possibilità di incontrare, ma che
vorremmo vedere a ogni costo. Qualche volta accade

che fiorisca dentro di noi un ricordo che era celato sotto la cenere del tempo. Arriva cosí, come una pioggia improvvisa. Un fenomeno che neppure possiamo prevedere. Un'espressione, un modo che aveva di guardarci. È allora che facciamo di nuovo l'esperienza dimenticata di provare una felicità inattesa. L'attimo di vita che abbiamo recuperato ci dona una sorta di sollievo, grazie a quell'eco di amore che siamo riusciti ad ascoltare ancora una volta. Un'eco infinita. Anche se la voce, alla volte, non la ricordiamo piú.

Marcela era rimasta a fissare l'oceano. Laggiú, fino all'orizzonte, dove forse avevano portato Gloria per finirla, per farla scomparire. Il cielo, le nubi, le navi, il porto. Ogni cosa sembrava inutile quel giorno di settembre. Cosí Marcela aveva gettato i garofani rossi e bianchi lasciando che il mazzo si aprisse in volo prima che i singoli fiori cadessero inermi sul filo dell'acqua pesta. Il sorriso di Gloria. Il viso bellissimo. L'eco dell'amore senza fine. Il bianco e il rosso. La pelle, la bocca. L'assenza che rimane cosí insistente da diventare una forma incomprensibile, inattesa e quasi inesauribile di presenza. Marcela portava con sé la foto di quella madre giovanissima che le era stata sottratta con la violenza, con la crudeltà, con la follia, con la vendetta. Portava con sé il desiderio di rivederla. E le sembrava sempre cosí viva, eppure inaccessibile. Il sortilegio, il sogno che ci tiene imprigionati e dal quale ci vorremmo risvegliare per entrare ancora in contatto con chi ci è stato portato via.

Era stato lo zio fuggito in Messico a raccontare a Marcela quel che era accaduto a Gloria, alla sua giovanissima madre. Entrambi la pensavano alla stessa maniera. La memoria è un atto di amore e di speranza. D'altronde, come può l'amore non avere una speranza? Lo zio le aveva raccontato dei giorni dopo il colpo di stato. Quando La Moneda era stata presa d'assalto e Salvador Allende era stato ucciso. Anche Marcela ricordava che la madre lavorava come segretaria in quegli uffici, perché era capitato che qualche volta l'avesse accompagnata. Tutto era stato travolto. Dopo qualche giorno, Gloria li aveva portati a Punta Arenas, in Patagonia, dove finiva il mondo. Lei era nata proprio da quelle parti, nella Terra del Fuoco. Voleva che i suoi figli fossero tranquilli, al sicuro. Aveva pensato che cosí sarebbero stati risparmiati. E in parte lo furono. Almeno nella forma, nella superficie delle cose. Nessuno aveva torto loro un capello. Ma in che modo potevano dire di essere stati davvero risparmiati? Nessuno di noi è stato risparmiato.

Davanti alla vastità dell'oceano, Marcela non riusciva a ricordare per quanto tempo Gloria l'avesse lasciata, insieme ai due fratellini, in quel grido di mare e di vento. Nelle case degli zii, erano sempre alla finestra ad aspettare che tornasse. Con quel viso da ragazza bellissima, da sorella maggiore. Gloria aveva solo ventisette anni quando li aveva accompagnati a Punta Arenas. Era una ragazza, poco piú grande di loro. Ma aveva sempre una forza e un'energia. Tutti i giorni passati alla finestra ad aspettare che tornasse a prenderli, che tornasse a poggiare la mano sul loro volto, a fargli sentire il suo abbraccio. Aspettavano e pensavano che non sarebbe piú venuta. Quella luce bianca che non diventava mai giorno. Il silenzio. Il vento. E il ricordo di lei. Già allora a fare la conoscenza con il ricordo di lei. Marcela era sicura che non sarebbe tornata a riprenderla e che l'avrebbe lasciata per sempre laggiú. Che non l'avrebbe piú rivista. E invece Gloria era tornata a prenderli.

Tutti e tre. E il giorno che era arrivata, Marcela aveva pensato che quello era il giorno piú felice della sua vita.

Prima di arrivare a San Antonio, Marcela era stata invitata al Teatro Municipal José Bohr di Punta Arenas. Era andata a parlare di Gloria e della sua assenza. Delle poche cose che era riuscita a scoprire. Del bisogno del ricordo. Di come si fosse ritrovata a vivere un'infinita sequenza di anni senza poter condividere i giorni con Gloria, e allo stesso tempo di come ogni giorno era stato abitato dal desiderio di lei, dalla fame che aveva sempre avuto della voce di sua madre, dei suoi abbracci, del suo sorriso. Ogni volta, prima di salire sul palco, mentre parlava con le autorità locali, mostrava una certa sicurezza, raccontava come quella battaglia di memoria fosse divenuta la sua forma d'amore per la madre, ma dentro di sé sapeva che quella forma d'amore aveva una struttura fragilissima, era una piuma che riusciva a malapena a tenere in mano.

Era arrivata a San Antonio per ritrovarla. E ogni volta finiva per raccontare di come l'aveva perduta. Di quando aveva solo otto anni. E di tutto quello che non sapeva sopportare. Quando poi erano tornati a Santiago, le cose invece di rimettersi in sesto avevano cominciato a precipitare. Il 16 agosto del 1974 avevano arrestato Julio, il compagno di Gloria. Lo avevano arrestato per strada, davanti a tutti, mentre andava da Sergio. All'incrocio tra Calle Alameda e Calle San Antonio. E non sapeva che Sergio era già stato arrestato dalla Dina, la polizia segreta. Non sapeva che si sarebbe ritrovato davanti proprio quegli uomini che non avrebbe mai voluto vedere.

Gloria, tre giorni dopo, aveva fatto ricorso al giudice per chiedere la libertà di Julio. Era incinta di tre mesi.

Poco piú di una settimana dopo, il 24 agosto del 1974,
alle dieci di sera, alcuni uomini della Dina avevano portato in casa proprio Julio. E Julio non sembrava neppure
lui. Pieno di cicatrici e con lo sguardo perso nel vuoto.
Gloria non c'era. C'erano solo Marcela e Héctor. Erano arrivati in tre con quel corpo, con Julio ancora vivo,
disperato, con gli occhi fissi nel vuoto. Era cosí fragile, o vile, che non era riuscito a tenere fede al patto di
silenzio stretto con Gloria. E mentre quei tre giravano
per la casa in cerca di qualcosa, a un certo punto avevano sentito un trambusto e si erano precipitati in cucina, dove avevano riempito il vuoto della stanza con
imprecazioni irripetibili. Julio era scappato dalla finestra mezzo morto. Nessuno sapeva come avesse fatto.
Era saltato fuori dalla finestra della cucina. Solo molto
tempo dopo Marcela avrebbe saputo che, con l'aiuto di
un'ambasciata di una nazione europea, quella francese
o italiana, era riuscito nel giro di qualche giorno a raggiungere l'Europa. I genitori di Gloria avrebbero cercato di mettersi in contatto con lui, per farsi dire almeno
i nomi di chi lo aveva torturato, ma anche a distanza
di molti anni Julio si sarebbe sempre rifiutato di dare
quell'aiuto. Non avrebbe trovato la forza, l'orgoglio di
concedere la possibilità a chi l'amava di saperne di piú.

Quando infine Gloria era tornata a casa, al posto dei
tre uomini della Dina era rimasta una scia di terrore.
Cosa aveva pensato? Con chi aveva parlato? A chi si
era rivolta? Marcela non sapeva nulla e la vedeva come
era, semplicemente bellissima, anche se preoccupata.
Non poteva capire. Ma anche se non capiva, le cose ac-
cadevano lo stesso. Inesorabilmente. La mattina del 26
agosto del 1974, Gloria era andata di nuovo dal giudice
per denunciare l'accaduto. Marcela e i due fratelli erano

a casa. Aspettavano senza sapere che cosa sarebbe successo. Arriva sempre un momento della vita in cui quello che non vogliamo che accada comincia ad accadere, ed è allora che dobbiamo essere bravi a rintracciare nel caos che si va generando il filo che, nonostante tutto, riuscirà a tenerci legati a chi abbiamo amato, amiamo, e sta per essere portato via da noi.

Mentre rientrava a casa, Gloria era stata avvisata che non avrebbe dovuto farlo, era stata avvertita che se fosse tornata avrebbe trovato quegli uomini. Per vendetta. Perché Julio era scappato. Una vendetta per riscattare quella fuga, un orrore per compensare la distrazione. Gloria aveva chiesto se in casa, oltre a quegli uomini, ci fossero anche i bambini. E quando le avevano risposto di sí, Gloria aveva deciso di tornare lo stesso, per quell'amore che chi non è madre può solo fare lo sforzo di intuire. Allora era entrata e li aveva tranquillizzati. Aveva detto che sarebbe tornata il giorno dopo, che al mattino sarebbero stati di nuovo tutti e quattro insieme. Da allora Gloria scomparve, venne allontanata da Marcela, da chi l'amava, e cominciò a precipitare, istante dopo istante, in uno spazio in cui nessuno, pur desiderandolo strenuamente, avrebbe piú potuto accedere.

Arriva sempre il momento in cui siamo costretti a interrogarci sul legame che, piú di ogni altro, ci tocca nel profondo, quello che ci porta continuamente a indagare la natura intima del bisogno incessante che abbiamo della persona che non è piú vicino a noi. Arriva sempre il momento in cui qualcuno di molto caro ci viene sottratto per sempre, e scopriamo di essere cosí profondamente legati a quella persona che non possiamo lasciarla andare via anche dalla nostra memoria, dall'unico spazio dove ci sia ancora concesso di vivere con lei. È allora che scopriamo come proprio quel legame, quello rimasto orfano della persona che amiamo, sia la relazione che piú di ogni altra ha dato forma a ciò che siamo. Per le promesse a cui continuiamo a tenere fede, per le risposte che proviamo ancora a cercare, per l'infinito amore a cui, in qualche modo, riusciamo ostinatamente ad attingere.

Due sorelle

Al tempo dell'infanzia, il loro era quasi un bisbigliare, un suggerire, un soffiare dell'una nell'orecchio dell'altra. Era Mary che la cercava e le chiedeva cosa era accaduto, perché nessuno in casa aveva mai voluto raccontare. I misteri fitti che dentro il cuore della famiglia sembravano occupare piú spazio della mobilia che prorompeva in ogni stanza. Quel che si taceva, le labbra serrate della madre, magra, iraconda, nervosa, ogni volta che si pronunciava quel nome: Vassilis. Il fratellino che c'era stato e poi non c'era piú. Solo in un sussurro poteva essere nominato, quando lei non era nei paraggi ad ascoltare.

Mary chiedeva a Jackie tutto quello che giorno dopo giorno veniva tenuto nascosto; tutto quello che c'era stato e che lei non aveva vissuto, quando la madre e il padre mostravano ancora nei gesti ciò che l'amore, a volte, lascia intravedere come un miraggio, come un sogno. E Jackie le raccontava ciò che aveva visto, le confidava i piccoli pensieri che le erano germogliati in mente. E piú parlava, piú veniva ascoltata, piú sentiva di incarnare il ruolo della sorella maggiore. Allora Mary continuava a chiedere. Perché tutto accade sempre all'insaputa dei piú piccoli, eppure quel che succede si lascia dietro come un'onda sonora, un allarme, che nel recesso della mente comincia a suonare, e chiede di essere spento, perché nel fondo dell'abisso di sé distoglie e reclama, agita e scuote.

All'inizio di quel legame, era lo scambiarsi delle parole e dei bisbigli. Due sorelle che, condividendo il segreto e la paura, si rendevano piú forti l'una con l'altra, meno indifese, meno bambine. Quando quel che accade in famiglia diventa un altro mondo, piú sostenibile, piú sopportabile, se viene raccontato e condiviso.

Aspettavano cosí, Mary e Jackie, le due sorelle, che i genitori non fossero in casa per avvicinarsi. Era Mary che la inseguiva, che percorreva il corridoio alla ricerca del posto in cui era andata a sedersi Jackie. È sempre la sorella minore, la piú fragile, ad attraversare le stanze che contengono ancora troppi misteri, ad avviarsi dal basso del suo stupore, del suo spaesamento, tra le impolverate poltrone e gli stipiti degli affetti, per cercare la sorella maggiore che le sappia dire, che la liberi dal silenzio, dall'abisso della solitudine. E in quegli incontri della piú fragile con la piú forte, in quegli avvistamenti oltre un corridoio, al di là delle maestosità ammutolite degli armadi, nei silenzi da maiolica di una cucina, si trova quel genere di amore che non esiste da nessun'altra parte.

Cosí Mary percorreva le stanze delle case di New York per trovare riparo tra le braccia di Jackie. Quando ancora si chiamavano entrambe Kalogeropoulos e nulla Mary poteva immaginare di quel che le avrebbe riservato il destino; quando niente le lasciava presagire che sarebbe diventata Maria Callas. La Divina. Invidiata da tutte, persino da Jackie. Persino da lei, dalla sua amata sorella maggiore.

Le case sempre diverse, i percorsi sempre diversi, gli

stipiti da superare, gli arredamenti, i silenzi. La sorella
piú piccola e la sorella piú grande. E quando finalmente riusciva a trovarla, le sembrava di approdare in un
porto sicuro. E restava stretta a lei, accovacciata come
un cucciolo con una madre. Anche se era solo sua sorella. Nient'altro che sua sorella. È in quei momenti che
nelle sorelle minori cresce il desiderio che tutto possa
rimanere sempre cosí. Che possano durare a lungo quei
percorsi e quegli avvistamenti. Quel sentirsi cosí vicine. Invece, in quegli stessi momenti, le sorelle maggiori, colme di un desiderio mai sentito prima, cominciano
a pensare ai giorni in cui quel legame simbiotico finirà.
Quando qualcosa d'altro, di piú ampio, emozionante e
luminoso, le dividerà, al di là della casa, al di là dei legami familiari.

Le scuole che cambiavano di frequente. Le amicizie
che non duravano. I traslochi in appartamenti sempre
piú piccoli, in quartieri sempre meno abbienti. Mary
che indossava ancora abiti da bambina, i calzini chiari, il nastro bianco tra i capelli, il viso che somigliava a
quello del padre, i lineamenti marcati, piú ampi, meno
delicati; mentre Jackie, con un visino magro che la faceva somigliare alla madre, portava già le scarpe con il
tacco, gli abiti con le pieghe, la vita stretta, le balze, le
acconciature alla moda. C'era il grande letto in cui di
notte dormivano insieme, le due sorelle. Cosí vicine,
durante il sonno, eppure con i sogni cosí distanti.

C'era la rivalità che cominciava a spuntare fuori.
Jackie che immaginava se stessa come Nike, la divinità
della vittoria, la giovane donna dalle grandi ali di aqui-
la, con una corona d'ulivo sul capo e un ramo di palma
in mano. Lei già bella, slanciata, quasi predestinata, come accade alle volte di sentirsi quando nello specchio

si intravede un equilibrio delle forme, un annuncio di perfezione e un destino felice. E poi c'era Mary, priva di quella bellezza apparente, meno slanciata, il cui viso riflesso nello specchio non rimandava alcuna perfezione, alcun presagio di un futuro fatto di trionfi e vittorie: più simile a Zelos, la sorella di Nike, colei che i latini chiamarono Invidia. La sorella gelosa che non riusciva a dare compimento alle proprie aspettative.

Poi un giorno comparve il piano verticale. E per loro due, la sorella maggiore e la sorella minore, quello fu il territorio in cui nacquero l'emozione, la passione e la rivalità, la delusione e il disincanto. Prima o poi appare sempre un oggetto, o una persona, che diventa il primo spazio in cui si accende il confronto, anche tra chi, come due sorelle, ha sempre cercato l'altra per condividere l'affetto. Quasi si contendevano i tasti, le note, i suoni che nascevano dalla percussione del martelletto sulla corda e dalle vibrazioni dell'aria. L'eccitazione, la strana sensazione che cresceva dentro Mary di voler prevaricare, di lasciare indietro Jackie, proprio ora che sembrava crescere e allontanarsi, proprio ora che riusciva a guardare sempre più al di fuori della famiglia. La strana ebbrezza nel mostrarle che dentro di lei stava prendendo forma un'abilità che Jackie non avrebbe saputo contrastare; l'esaltazione piacevole di affrontarla, di sfidarla, di infrangere il patto silenzioso e muto che avevano siglato nei giorni dell'infanzia quando lei, la più piccola, la più fragile, attraversava la casa intera, ingombra di oggetti, per raggiungere l'abbraccio della sorella maggiore.

Eppure c'era ancora il tempo in cui si ritrovavano vicine. Sorella minore e sorella maggiore. C'era ancora il tempo in cui si ritrovavano vicinissime a cantare

insieme le arie che ascoltavano alla radio. Erano le note allora a cercarsi, erano le loro voci a inseguirsi nella
distanza aerea. Le voci di due sorelle. L'incanto di chi
appartiene alla stessa famiglia. Quella meraviglia che
nasce dall'essere simili eppure diversissime. L'immagine, la forma, il corpo e le idee come una grande archi-
tettura in cui scorgere continuamente qualcosa di sé, di
inesorabilmente proprio, eppure di staccato da sé. Tuttavia anche le voci, nate dallo stesso materiale geneti-
co, avevano qualcosa di uguale e di differente insieme,
e quella piccola differenza, quella piccola perfezione,
quel piccolo scostamento, sembrava ora fare di Mary la
piú bella, la piú espressiva, la piú attraente.

Il tempo trascorso a suonare il pianoforte, a cantare
dal pomeriggio alla sera. Gli esercizi per sciogliere le dita. Le arie da intonare. I tasti, l'inseguimento. I sabati
ad ascoltare alla radio le intere rappresentazioni delle
opere del Metropolitan Opera House. Filtrate dai cavi
degli amplificatori, passate attraverso il mistero di fre-
quenze e onde sonore, esse riapparivano nel loro appartamento, alle loro orecchie, per rimandare a qualcosa di
ancora piú etereo, enigmatico e fantastico. Non era solo
la voce di per sé, era anche l'assenza, quel che non c'e-
ra, che non si vedeva, ad accendere la fantasia, il desiderio. Da dove arrivavano quelle voci? Appartenevano
al loro stesso mondo? E Mary si interrogava: se riesco
a cantare in quel modo, se riesco a recuperare dentro
di me quella stessa energia, entrerò a far parte anch'io
di quel mondo arcano e irraggiungibile? Mary e Jackie.
Tutte e due esposte allo stesso desiderio. Eppure con
un destino cosí diverso ad attenderle. Sempre cosí diverso è il destino delle sorelle. Sempre cosí diverso è il
destino di chi vive le nostre stesse esperienze. Nessuno

è piú distante da noi come la persona che ci è piú simile. Lo stupore per la differenza nata e covata dallo stesso mondo, dalla stessa vita.

Jackie al pianoforte, Mary alla voce. Quando andarono alla radio per esibirsi, come delle ragazzine prodigio, le due sorelle avevano attraversato le enormi sale una vicina all'altra. Dentro quegli studi anche Jackie, che in casa sembrava cosí slanciata e sicura, appariva come una bambina. Loro due insieme alla radio a suonare e cantare. Gli studi, i microfoni che scendevano dal soffitto, i fili che correvano lungo le stanze ampie, le giacche dei presentatori, i profumi degli adulti. Il mondo ancora piú grande di quanto avessero immaginato. Poi di nuovo la vita di prima, la radio da ascoltare a casa, l'euforia scomparsa. Sarebbero mai rientrate in quel cavo misterioso in cui nascevano tutte le voci?

Nulla smette di cambiare in una famiglia, in quel che sembra esistere di piú immoto. La madre decise di separarsi dal marito e di lasciare gli Stati Uniti. Quando si ritrovarono in Grecia, nel 1937, le due sorelle, Mary e Jackie, la piú piccola e la piú grande, smisero di dormire nella stessa stanza, nello stesso letto. La madre trovò un'insegnante di canto per Mary. Le due sorelle, come spinte dal ricordo, trascorrevano ancora il tempo a vestirsi e acconciarsi i capelli insieme, ma nessuna delle due riusciva piú a intuire quel che pensava l'altra. Mary prese ad ascoltare soprattutto le sue ossessioni, e fu lei che cominciò a trascurare Jackie, che smise di cercarla. Forse allora era la sorella maggiore, quella che l'aveva sempre protetta, ad avere bisogno della protezione di Mary; forse era lei che aveva bisogno di qualcuno che le pronunciasse delle parole di conforto; forse era lei che in quei giorni sentiva il bisogno di muovere i primi passi verso di Mary, di attraversare i corridoi e le stanze per arrivare fino a lei. Forse era Jackie la piú fragile. La piú bisognosa. Ma nella nuova casa, ad Atene, erano entrambe fragili, entrambe disperate, con una madre incapace di dar loro l'amore di cui avevano bisogno e un padre che non potevano piú vedere.

Quando Mary cominciò a cantare, era imbarazzata e prepotente, con gli occhiali e il fazzoletto, la rabbia e la gioia, il pianto e la felicità, tutto mescolato. Ogni giorno usciva di casa per andare dalla sua insegnante con i libri di musica sotto il braccio. Tutti i giorni quell'ora di lezione e poi a casa a studiare. Cinque, sei ore, come se non ci fosse altro, come se esistessero solo la sua voce da addomesticare, la musica che fuoriusciva dalla radio, quello che doveva lasciarsi alle spalle. E mentre Mary prendeva lezioni di canto, Jackie cominciava a vedere quel signore, un avvocato, Miltiadis, con cui usciva tutti i giorni, tutte le sere. Erano suoi i soldi che entravano in casa? Era lui che permetteva loro di poter vivere senza finire sul lastrico? Mary non aveva piú nessuno a cui chiederlo, non aveva piú nessuno che le spiegasse cosa stava accadendo. Non lo poteva chiedere neppure a Jackie, anche se erano ancora sorelle, ma non lo erano piú. C'erano ancora il cognome, la somiglianza, l'appartenenza alla stessa famiglia, ma non c'era piú quella specie stranissima di identità, quel confabulare, quel ricostruire un mondo intero appartate in un angolo della casa, quando si raccontavano tutto quel che non riuscivano a capire e che gli altri tenevano celato ai loro occhi. Forse non erano piú sorelle, perché non erano riuscite a dare una nuova forma al loro legame nel tempo che mutava. Eppure lo sarebbero rimaste per sempre, per tutti quei segreti che si erano scambiate, per quella rivalità che si era accesa, per quella tensione a voler diventare ciascuna una persona in grado di fare qualcosa di inarrivabile per l'altra. A misurarsi e a specchiarsi.

Infine fu Mary a diventare Nike. Esordí alla Scala nel 1951 e per molti anni cantò nei teatri piú importanti del mondo, quasi sospinta dalla rabbia e da una certa voglia di riscatto, prima di trovare una morte misteriosa in un albergo di Parigi quando non aveva ancora compiuto cinquantaquattro anni. Fu lei la sorella che ottenne la vittoria, che si affermò per quella voce conquistata nota per nota. Fu lei a vivere a pieno, anche se a tratti dolorosamente, come tutti dobbiamo rassegnarci a vivere. E Jackie, che le sopravvisse e trovò il modo di ereditare i meravigliosi gioielli e gran parte del ricchissimo patrimonio che Mary si era guadagnata con lo splendore della sua voce, non poté che essere Zelos per il resto della sua vita. Jackie non poté che essere la sorella che soffre d'invidia e di gelosia. E dopo che Mary era morta, quando nel mezzo di un'intervista le chiesero un ritratto di Mary da piccola, invece di descrivere le volte in cui la sorellina attraversava i corridoi e le stanze pur di perdersi nel suo abbraccio, la ricordò come una bambina grassa che invidiava il suo corpo magro e slanciato. E se pensò, pronunciando quelle parole, di poter tornare a essere anche per un solo istante Nike, non fece altro che ribadire il ruolo che il destino aveva definitivamente scelto per lei: quello di Zelos, la sorella che non può che vivere d'invidia.

La nave arenata

In una delle interminabili notti dell'estate del 1970, Nelson aveva sognato Winnie. Nel sogno, in quel ritaglio di libertà inaccessibile a tutti gli altri, sua moglie danzava per lui. Una visione che colmava una mancanza che la prigionia gli imponeva dolorosamente. Erano i movimenti suadenti di un ballo hawaiano. A un certo punto di quella visione notturna, lei prendeva a muovere freneticamente il corpo, come per giungere al culmine della danza. Nel sogno, Nelson ricordava di aver spalancato le braccia per stringerla a sé, ma non sapeva se nella realtà, in quella cella buia in cui era relegato da solo a dormire su una stuoia distesa sul pavimento, si fosse davvero allungato verso di lei, o se invece fosse rimasto rannicchiato, con le braccia ferme al corpo infreddolito nella posizione fetale del sonno. Un uomo che dorme sul pavimento nel chiuso di una cella. Un sogno che prende forma nella mente. Anche quella notte, lo sorvegliava uno dei suoi carcerieri. Ma nulla poteva vedere il secondino di quel che vedeva il prigioniero.

Nelson era stato portato a Robben Island sei anni prima. Il cellulare della polizia. Il traghetto. Il rumore del mare. I moti ondosi. Non era il primo leader africano che veniva imprigionato in quel carcere. Prima di lui era successo a Makanda, incarcerato dai coloni inglesi. Dopo essere stato sconfitto in battaglia si era arreso, pur di ottenere la pace e i diritti per il suo popolo. Aveva provato a fuggire, ma in quelle acque era annegato. Le idee, la lotta per la libertà. Le onde che si schiantavano contro le rocce. Quante navi avevano fatto la stessa fine? Quanti uomini avrebbero avuto la forza di sopportare il tempo lungo della prigionia?

Mandela era stato arrestato dopo un viaggio infinito attraverso tutto il continente africano. In quel peregrinare aveva anche cambiato nome, ma l'avevano preso quando stava per rientrare in Sudafrica. L'accusa, non potendo elencare in modo esplicito tutte le ragioni per cui era considerato un nemico, lo aveva imputato di reati quasi banali. Al processo, Nelson aveva deciso di difendersi da solo. Aveva cominciato col proclamarsi un patriota africano che anelava a una società senza classi. Aveva citato Gandhi, Nehru, Nasser. Per tutta la vita aveva combattuto contro la dominazione dei bianchi, e allo stesso tempo, per tutta la vita, aveva combattuto contro la dominazione dei neri. Accarezzava l'idea di una società democratica dove ciascuno potesse vivere in armonia e con uguali opportunità. Aveva precisato che pur di raggiungere questo obiettivo, sarebbe stato disposto a morire. L'avevano sbattuto in carcere il 7 novembre del 1962 e da allora non era piú uscito. Infine venne accusato di sabotaggio e il 12 giugno del 1964 condannato all'ergastolo.

Non sapeva se nel chiuso di quello spazio asfissiante, nei panni del prigioniero, sarebbe riuscito a non perdere il contatto con i desideri e le idee che aveva maturato nel tempo e che non aveva perso occasione di ribadire davanti a tutti, sia davanti a chi era rimasto con apprensione dalla sua parte, sia davanti a coloro che lo avevano schernito come il nemico da condannare, l'uomo da odiare. Nessuno di noi sa mai se riuscirà a non perdere di vista i desideri e le idee che ha maturato nel tempo. Nessuno di noi può dire se la persistenza di quel che pensa, desidera e sogna riuscirà a superare la sfida del tempo e della privazione.

Nel carcere, in quella vita dentro la vita, in quella forma di esistenza in cui era costretto a consumare i propri giorni, la persona che vedeva piú di frequente e con la quale si misurava e confrontava era il guardiano. Un ragazzo giovanissimo di nome Christo Brand. La sentinella che lo sorvegliava, il carceriere che apriva la sua cella al mattino e la richiudeva alla sera. L'uomo che gli portava i pasti. Che censurava le lettere in uscita e quelle in entrata.

Il prigioniero e il carceriere. Il prigioniero che combatteva per la libertà e il carceriere che eseguiva gli ordini di un meccanismo piú grande di lui. L'uomo che era stato privato di ogni diritto e l'uomo che invece sorvegliava affinché quei diritti non potessero essere riconquistati in alcun modo. Due poli di una sfida, di un legame impari, diseguale ed estremo. Due individui messi nelle condizioni di perdere la propria umanità.

Gli anni passavano. Al mattino presto Nelson si teneva in forma con la ginnastica. Gli addominali, le flessioni. Quando aveva sognato Winnie danzare, Nelson aveva già compiuto cinquant'anni. Lui che era sempre stato magro e in forma, non appena aveva raggiunto quell'età le aveva scritto che ormai poteva pure ingrassare. Poteva anche cominciare a invecchiare. Ma a impedirglielo c'erano le lettere di sua moglie. Ogni volta che leggeva una lettera di Winnie, era come se venisse eretto un muro altissimo tra lui e la vecchiaia. Ogni volta che leggeva una lettera di Winnie, era come se il

processo naturale della vita invertisse il proprio corso.
E non sapeva piú se in quegli anni in carcere stesse invecchiando o ringiovanendo.

Un giorno Christo chiese a Nelson se era lui il detenu-
to che faceva uscire dal carcere delle lettere in maniera
non autorizzata, un traffico che la direzione sospettava
già da tempo. Il giovane, che arrivava dalle zone rura-
li del Paese, pensava che si potesse rimanere imparziali
facendo il proprio lavoro anche a Robben Island. Immaginava che fosse possibile interpretare il ruolo senza assumersi direttamente le responsabilità di quel che
veniva negato ai prigionieri. Di certo, per il genere di
posizione che ricopriva, sarebbe stato naturale porsi
un'infinità di domande. Ogni sua azione poteva spingerlo a interrogarsi sul senso di ciò faceva. E di fronte
a lui si aprivano continuamente dei dilemmi morali: era
da uomo spiare, ascoltare e riportare? Era etico eseguire
semplicemente degli ordini senza indagarne la giustezza?

Le autorità del carcere, non appena Christo era arrivato, si erano raccomandate con lui di fare attenzione ai
detenuti come Nelson, i prigionieri politici, descriven-
doli come uomini pericolosi di cui era meglio controllare
ogni respiro. A quella domanda, se fosse lui a far uscire
delle lettere in maniera non autorizzata, Nelson cominciò a rispondere chiamando il carceriere «Mr. Brand».
Gli diede del lei, come se non fossero al penitenziario
di Robben Island, come se fossero semplicemente due
uomini fuori di lí. Eppure erano il prigioniero e il carceriere. Ma spetta sempre a qualcuno, anche quando ci
si trova in condizioni per cui è molto arduo mantenere
la propria umanità, scendere nell'abisso e recuperare i
frammenti della propria anima, affinché il ruolo, la carica a cui si è stati assegnati, non finisca per prevalere

sull'uomo, sui desideri, sulle necessità piú profonde.
«Mr. Brand, – gli aveva spiegato Nelson, – se in questa
cella c'è una formica che cammina, vuol dire che c'è vita
intorno a me. Persino in questa cella. Persino in questo
carcere. E se c'è una formica che cammina, vuol dire
che ci sono infiniti modi per fare arrivare una lettera
fuori di qui». Il ragazzo non seppe cosa rispondere. Davanti a lui aveva un uomo molto piú maturo che parlava l'*Afrikaans*, la lingua dei bianchi, di quei bianchi che
avevano deciso di privarlo della libertà per il resto della
vita. Parlava quella lingua per farsi capire, per toccare
le corde piú intime di chi gli stava di fronte.

Durante il giorno, Christo controllava scrupolosa-
mente le lettere del prigioniero. Era l'uomo dell'ordine,
colui che eseguiva i comandi del potere. Interpretando
il ruolo che gli era stato assegnato, faceva in modo che
le regole fossero rispettate, che il prigioniero venisse
privato di qualsiasi gesto di affetto proveniente dall'e-
sterno. Da ogni lettera che arrivava per Nelson, Christo
sottraeva le foto che vi erano contenute. Come gli era
stato ordinato di fare, sfilava dalle buste le immagini
di Winnie, dei figli che crescevano, dei nipoti che arrivavano. Ogni foto che toglieva, ogni immagine che se-
questrava, corrispondeva a un fotogramma di esistenza
cancellato dalla memoria di Nelson.

Da ragazzo, Christo giocava di frequente con i figli
degli operai neri che lavoravano nella fattoria del padre.
A lungo aveva vissuto ignorando l'esistenza dell'Apartheid, della segregazione. Eppure a scuola, quando si
sedeva tra i banchi, quando ascoltava le lezioni, né tra
i compagni, né tra i docenti, c'era una sola persona di
colore. Era stato davvero cosí distratto da non accorger-
si che quella non era solo una stranezza, ma un segnale

della divisione netta tra bianchi e neri? Con quali idee era arrivato dentro quel carcere? Con quali convinzioni leggeva le lettere di Mandela e sorvegliava ogni notte il corpo di quell'uomo che invecchiava? Poteva Christo Brand sentirsi innocente?

Durante le rare visite che venivano concesse a Nelson Mandela, lui, il guardiano, Christo Brand, ascoltava le conversazioni che Nelson e Winnie facevano attraverso una cornetta del telefono. Poteva accadere che i due parlassero di un amico rimasto ferito, di qualcosa che li preoccupava, di quel che accadeva nel Paese. Le rivolte, le tensioni, la rabbia per le divisioni e la negazione dei diritti. La follia dell'Apartheid. Gli uomini bianchi e gli uomini di colore rinchiusi nel ghetto pronti a esplodere per tutto quello che veniva loro negato. E mentre li ascoltava, mentre li sentiva concedersi quelle poche parole dopo tutto il tempo atteso, dopo tutto il tempo negato, non appena sentiva una parola vietata dal regolamento carcerario si intrometteva nel dialogo con la sua voce da ragazzo e ricordava a Nelson Mandela che di quell'argomento non si poteva parlare, e che doveva limitarsi a questioni familiari e private. Allora Nelson cercava di far valere le proprie ragioni. Ribadiva che un uomo aveva il diritto di sapere quel che succedeva fuori di lí. Ma poi, alla fine, cedeva: «Come dice lei, Mr. Brand».

Quando si subisce l'abuso del potere e si viene privati della libertà, è facile perdere di vista anche quel che abbiamo di piú di umano. È facile allora sentirsi come l'agrimensore di Kafka, il quale, giunto al Castello per formalizzare il suo incarico alle dipendenze del conte Westwest, rimane inerme di fronte alla infinita ed elusiva complessità amministrativa del potere, finendo per perdere il filo della comprensione di ciò che accade, di ciò che è. Anche Nelson lottava ogni giorno per tenere insieme i fili della propria esistenza. Ogni giorno si batteva per non scivolare nell'abisso di solitudine in cui cadeva continuamente l'agrimensore di Kafka. Cosí, all'interno dei limiti permessi e di quelli che riusciva ad aggirare, scriveva una lettera per ciascuna delle persone a cui era legato. Ciascuno di noi non è altro che i legami che tiene in vita. Ciascuno di noi è il frutto di ciò che riesce a scambiare con chi ha incontrato nel tempo. Siamo la somma delle relazioni che abbiamo saputo alimentare con la cura, l'attenzione, lo slancio e la passione.

Anche Christo Brand prese a lottare contro l'abisso di solitudine in cui cadeva l'agrimensore di Kafka. Spinto dal desiderio di lasciare Robben Island, chiese piú volte di essere trasferito. Anche lui rischiava di perdersi. Il carceriere, la sentinella, si sentiva in qualche modo prigioniero della struttura del potere. Poteva uscire solo una volta ogni due settimane, e per pochi giorni, dal venerdí alla domenica. Il traghetto. La moglie, il figlio. Il buio della notte. L'isola e Cape Town. La città e il carcere. La terraferma e l'isola. La libertà e la prigionia. Ma le risposte che Christo cercava non arrivarono. E andò a sbattere pure lui contro l'indifferenza del Castello e dei suoi funzionari, che svolgevano incomprensibili mansioni nei recessi del macchinario del potere.

E lo stesso macchinario del potere il 31 marzo del 1982 decise di trasferire Mandela nel carcere di Pollsmoor. Il nuovo edificio di massima sicurezza non si trovava sull'isola, ma sulla terraferma, vicino a Cape Town. Non gli diedero alcuna spiegazione di quello spostamento. Il prigioniero poteva cercare di capire, poteva chiedere, ma alla fine non gli restava che capitolare. Aveva poco meno di sessant'anni, di cui venti trascorsi in prigione.

A Pollsmoor venne relegato in una cella all'ultimo piano. Non aveva piú alcuno spazio dove camminare. Non aveva piú la possibilità di vedere il mare come accadeva a Robben Island, quando dal carcere doveva raggiungere a piedi la cava. Ora dalla sua cella non vedeva nulla. Solo un lembo di cielo.

Nel frattempo Christo Brand ottenne il trasferimento che piú volte aveva richiesto, e si ritrovò anche lui a Pollsmoor. Il carceriere e il prigioniero, lo stesso destino. Il leader politico e il giovane secondino. In quel carcere, Nelson dormiva in cella con i compagni Walter Sisulu, Andrew Mlangeni e Raymond Mhlaba, ed erano tutti costantemente controllati attraverso una grande vetrata che permetteva alle autorità carcerarie di vedere senza essere visti. Sia di notte quando dormivano, sia di giorno quando i quattro parlavano tra loro, c'era sempre un guardiano, tra cui Christo Brand, che li osservava, li scrutava, ascoltava quel che si dicevano. Registrava e trascriveva ogni parola.

Il carceriere, colui che ci osserva quando siamo indifesi, finisce per sapere tutto di noi. Ma a quel punto cosa succede dentro di lui? Quel che egli scruta, ciò di cui viene a conoscenza, in che maniera lo muta? Fino a che punto si illude che quel che viene a sapere lo lascerà inalterato?

Quando le autorità carcerarie riempirono Christo Brand di cimici in modo da spiare ancor piú da vicino Nelson, Christo non seppe resistere. In seguito avrebbe spiegato che non era mai riuscito a capire le ragioni per le quali quell'uomo si trovava in carcere, mentre altri erano fuori. E anche se era rimasto il carceriere, il guardiano, una volta dentro la cella non lasciò che tutto filasse liscio come previsto dalle autorità. Dentro di lui era in corso una trasformazione. Christo volle far sapere a Nelson ciò che stava succedendo e cosí non fece altro che mostrare in silenzio e rapidamente le cimici che aveva addosso. Svelò l'inganno, il trucco, la trappola che il macchinario del Castello aveva teso all'uomo che stava invecchiando.

Eseguire gli ordini, sentire le responsabilità dei gesti che si compiono. Cosa accade dentro di noi quando conosciamo la profondità d'animo dell'altro? Quello che pensa, quello per cui combatte? Il carceriere e il prigioniero. Chi può rimanere immutato? Chi può uscire da un rapporto del genere uguale a se stesso? Sospettando e temendo che i carcerieri subissero l'influenza carismatica di Mandela, i funzionari convocarono Christo per accertarsi che non fosse stato toccato nel profondo dalle sue parole. Quando gli chiesero che cosa pensasse di Mandela, Christo ne diede una descrizione che non lasciava adito ad alcun dubbio: trattandosi di un uomo pericoloso, era giusto che rimanesse in carcere per il resto dei suoi giorni, che venisse tormentato fino alla fine. Non meritava alcun sollievo.

Cosa lo spinse a dare quella risposta? Forse, pragmaticamente, la paura di perdere il posto di lavoro. Ma se la verità fosse stata un'altra, e lui avesse dato quella risposta per rimanere altro tempo al fianco di Mandela? Finora nessuno gli aveva insegnato con poche parole, pochi gesti, e con l'esempio della propria vita, cosa fosse la speranza, cosa volesse dire battersi ostinatamente per la libertà. Nessuno, prima di quell'uomo, gli aveva fatto capire in maniera altrettanto chiara cosa volesse dire diventare adulti.

Nell'estate del 1987 Christo Brand e altre sentinelle accompagnarono Nelson Mandela a una visita medica.

Nelson era sempre l'ultimo paziente a essere ricevuto dal dottore, il cui studio medico si trovava al quinto piano di un edificio sul lungomare. Per raggiungerlo, il convoglio doveva percorrere Beach Road, l'ampia strada che costeggia l'oceano. L'andata procedette come da copione. La visita confermò i soliti disturbi, la pressione alta, l'indebolimento generale. Trascorse un'ora, forse anche un'ora e mezzo. Al ritorno, quando ripresero Beach Road, era quasi notte. Christo aveva ricevuto il permesso di concedere a Nelson Mandela qualche passo vicino alla strada. Camminarono fianco a fianco. In silenzio. Il carceriere e il prigioniero. Il leader politico e il giovane secondino. Il nero e il bianco. Nelson alzò lo sguardo verso l'orizzonte. Vide una macchia scura. Una grande ombra. Un altro mondo cupo al di là della linea dell'acqua. «Cos'è?», chiese alla sentinella. Christo Brand rimase sorpreso dalla domanda. Aspettò qualche secondo. Guardò di nuovo in direzione di quella macchia scura, guardò ancora il Castello, quella grande ombra al di là della linea dell'acqua, poi si voltò verso Nelson. Era Robben Island. Era il carcere. Nelson non volle crederci. Non gli sembrava possibile. Non aveva mai visto quel mostro enorme da fuori. Dovette provare la stessa sensazione sbigottita dell'agrimensore di Kafka quando, sul ponte di legno che conduceva dalla strada maestra al villaggio, si fermò a guardare il vuoto apparente davanti a sé e vide per la prima volta la struttura enigmatica del Castello.

Fu in quel momento che Nelson rischiò di perdersi, quando il macchinario nel quale era rimasto prigioniero per molti anni prese ai suoi occhi la forma di un'enorme nave arenata. Christo allora lasciò che Nelson immergesse le mani nell'acqua dell'oceano, affinché si rendesse conto che i suoi sensi non lo stavano ingannando e quella che vedeva davanti a sé era un'isola, era Robben Island. Il carceriere allora si spogliò del suo ruolo e si sentí vicinissimo al prigioniero. Anche Christo era stato tenuto prigioniero.

Nelson Mandela, dopo trattative, incontri e discorsi, venne rilasciato alle sedici dell'11 febbraio del 1990. Christo Brand, il carceriere che aveva smesso di essere giovane, quel giorno era davanti alla televisione. Lo vide camminare con un completo marrone che gli conferiva un'eleganza impeccabile. Nelson sembrava sprigionare un'energia infinita. Teneva per mano Winnie. Il pugno alzato. Dietro di lui, quella schiera di persone che lo seguiva, lo cercava, lo acclamava, gridava il suo nome. Nelson era libero. Christo lo vide in televisione perdersi, quasi inghiottito, tra la folla. Non sapeva del sogno che Nelson aveva fatto piú di vent'anni prima, quello in cui Winnie gli andava incontro mentre lui l'aspettava a braccia aperte. Non sapeva che Winnie e Nelson non avrebbero ritrovato fuori dal carcere tutto quello di cui erano stati privati. Non sapeva che presto si sarebbero separati. Rimase lí, fermo, inebetito e incantato davanti alla televisione, davanti a quella folla che si stringeva intorno a Mandela, al prigioniero che era invecchiato ed era tornato a essere un uomo libero.

Il carceriere e il prigioniero. Il giovane secondino e il leader politico. Il bianco e il nero. Il giorno dell'inaugurazione della sua presidenza, il 10 maggio del 1994, in uno sfavillare di luci e colori, di suoni, ritmi e danze, Nelson Mandela aprí le braccia, come in quel sogno fatto a Robben Island quando ebbe la fortuna di veder

comparire, nel diorama della sua mente, la bellezza di
Winnie. Aprí le braccia a un popolo intero. Era un sogno. Era la realtà. Non era piú chiuso in una cella. Non
era piú rannicchiato sul pavimento. Era un sogno ed
era la realtà. Aprí le braccia, anche se Winnie non era
piú la moglie di prima. Nelson aprí le braccia e a quella celebrazione, in quel giorno cosí memorabile, invitò
anche il suo carceriere. Invitò anche Christo Brand. Il
giovane bianco che lo aveva scrutato, osservato e spia-
to. Il ragazzo che gli aveva censurato le lettere. Il giovane uomo con cui infine si era fermato al crepuscolo a
osservare la nave arenata di Robben Island. Nelson lo
invitò, come lo invitò il giorno del suo ottantesimo com-
pleanno, come lo invitò tutte le volte che poté. E cosí
facendo, gli sembrò di diventare ancora piú profondamente se stesso. Di diventare un uomo che non poteva
permettersi di odiare nessuno.

Nota al testo.

I brani citati nel testo sono tratti da:
T. Tranströmer, *Poesia dal silenzio*, Crocetti Editore, Milano 2008, trad. it. di M. C. Lombardi; J. Cortázar, *Rayuela. Il gioco del mondo*, Einaudi, Torino 2013, trad. it. di N. Rossini; A. Achmàtova, *La corsa del tempo*, Einaudi, Torino 1992, trad. it. di M. Colucci; C. Claudel, *Corrispondenza*, Abscondita, Milano 2005, trad. it. di M. Martignoni; A. Solt, S. Egan, Y. Ono e D. Wolper, *Imagine: John Lennon*, Macmillan Pub Co, London 1989; L. Kavalek, *Boris Spassky, the 10th world chess champion, will be in Reno*, in «The Washington Post», 16 agosto 2004; fondo epistolare «Francis Harry Compton Crick Papers», disponibile presso Wellcome Library for the History and Understanding of Medicine, Londra; *Read Francis Crick's $6 Million Letter To Son Describing DNA*, in «National Geographic», 11 aprile 2013; D. Bird, *Hannah Arendt's Funeral Held; Many Moving Tributes Paid*, in «The New York Times», 9 dicembre 1975; F. M. Dostoevskij, *I demoni quotidiani. Lettere (1837-1867)*, Aragno, Torino 2017, trad. it. di E. Lo Gatto. *The Long Walk Of Nelson Mandela*, speciale trasmesso da PBS, Public Broadcasting Service, tv e radio statunitense (in particolare l'intervista a C. Brand realizzata da J. Carlin).

Le frasi: «Aquí se queda la clara, la entrañable transparencia, de tu querida presencia», menzionate a p. 74 della presente pubblicazione sono tratte dalla canzone: *Hasta Siempre Comandante*, di Carlos Manuel Puebla. Edizioni: Editora Musical de Cuba - Ala Bianca Publishing. Per gentile concessione di Ala Bianca Group srl.

Per i versi e i titoli delle canzoni citati a pp. 27-37:

Get Back
Testo e musica di John Lennon e Paul McCartney.
Copyright © 1970 by Sony/ATV Tunes LLC (ASCAP) – Nashville, TN U.S. Amministrato da Sony/ATV Music Publishing LLC (catalogo Northern Songs). Sub-editore per l'Italia: SM Publishing (Italy) S.r.l. (SIAE) – Via A. Albricci, 7 – 20122 Milano. Tutti i diritti riservati per tutti i Paesi.

Bitina

Parole e Musica di M. De Novas.

Indice

Scintille

*Stampato per conto della Casa editrice Einaudi
presso ELCOGRAF S.p.A. - Stabilimento di Cles (Tn)*

C.L. 24086

Edizione

3   4   5   6   7

Anno

2019   2020   2021   2022